긍정의 힘을 믿는 사람은
자기 인생을 더 큰 성공으로
편어라운드할 수 있습니다.
지문현

긍정으로 턴어라운드하라

긍정으로 턴어라운드하라

적자 인생을 흑자 인생으로 돌리는 마법!

• 차문현 지음 •

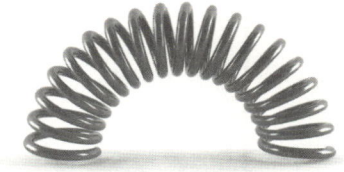

21세기북스

추천사

싸우지 않고 이길 수 있는
따뜻한 지혜를 가진 멘토

나에게는 여러 명의 '과목 멘토'가 있다. 살아가면서 어떤 일이 잘 안 풀릴 때 각 분야의 최고 전문가들에게 묻곤 한다. 그중에서도 차문현 대표는 나의 가장 소중한 '인간관계' 멘토다.

그에게는 한 가지 '필살기'가 있다. 만날 때마다 그에게 빚을 지게 하는 것이다. 만나기 전에는 따뜻한 문자를 보내고 만나서는 늘 맛있는 점심을 산다. 헤어질 때는 많이 배웠다며 진심으로 고마워한다. 인사하고 뒤돌아서면 나도 모르게 마음이 훈훈해졌다. 내가 그를 위해 해줄 수 있는 게 뭔지를 고민하기 시작한다. 내가 준 것보다 받은 게 훨씬 많기 때문이다. 그러니 나는 만날 때마다 빚쟁이가 될 수밖에 없다. 이것이 차문현 대표가 무엇인가를 부탁하거나 내가 도와줄 일이 있으면 만사 제쳐놓고 팔을 걷어붙이는 이유다.

나는 그가 수많은 주변 사람을 대하는 모습을 보면서 많은 것을 배왔다. 내가 조금 손해를 보더라도 남에게 베풀면 그처럼 품격 있고 여유로워질 수 있다는 것을 말이다. 그런데 알면 알수록 놀라운 것은 그의 베풂이나 양보가 어떤 전략에서 나온 게 아니라는 점이다. 무엇을 위해서, 혹은 나중을 위해서가 아니다. 그냥 상대방에게 진심으로 그렇게 해주고 싶기 때문이다.

생각해보면 아이러니하지 않은가? 소수점 여섯 자리 숫자까지 꼼꼼히 따져야 하는 금융계, 가장 냉정하고 살벌한 돈의 전쟁터에서 승리한 자의 특기가 손해 보고 져주기라니. 그러나 차문현 대표는 그것이야말로 자신이 금융계에서 살아남을 수 있었던 최고의 자산이었다고 말한다.

"세상의 원칙은 간단하다. 남보다 더 많은 것을 가지려고 하고 지금 손에 쥔 것을 지키려고 하면 남들과 싸워야 한다. 싸워서 이겨야 한다. 그러나 먼저 양보하고 손해를 선택하면 싸우지 않아도 된다. 중요한 것은 싸우지 않고도 이길 수 있다는 것이다. 당장은 잃는 것 같지만 결국 나중에는 더 큰 것을 얻게 되기 때문이다. 사람들은 이것을 지혜라고 부른다."

차문현 대표는 따뜻한 지혜가 넘치는 사람이다. 그러나 이런 지혜를 얻기까지의 과정은 그리 만만치 않았다. 지혜는 '혹독한 실패의 눈물과 열정적인 실천의 땀이 농축된 한 방울의 엑기스'라고 생각한다. 그의 지혜도 그렇다. 꿈을 이룬 많은 사람이 그랬듯, 그 역시 아버지가 사업에 실패했고, 어린 나이에 생계를 책임져야 하는 가장이 됐다. 그렇게 가고 싶어 하던 대학 대신 은행을 택해야만 했다. 평생을 바친 은행에서 모진 IMF의 칼바람을 온몸으로 맞기도 했다. 남들보다 더 열정적으로 일하고 끊임없이 도전했기에 위기도 더 많았고 고통도 더 많았던 것이다.

그러나 그는 실패의 눈물과 열정의 땀으로 무엇과도 바꿀 수 없는 지혜를 얻었다. 돈의 지혜, 인간관계의 지혜, 성공의 지혜. 특히나 그의 지혜는 칼날처럼 냉철한 지혜가 아니라 봄빛처럼 따사로운 지혜다. 냉혹한 승부의 세계에서 자신을 끊임없이 갈고 닦아온 사람만이 가질 수 있는 가장 고차원의 지혜. 이 책에는 그 모든 것이 200퍼센트 녹아 있다.

독자 여러분도 나처럼 훌륭한 '과목 멘토'를 두고 싶다면 결코 이 책을 놓치지 마라.

2013년 1월 10일
김미경

Prologue
긍정의 턴어라운드를 꿈꾸며

경제 용어 중에 '턴어라운드(turn around)'라는 말이 있다. 직역하면 방향을 전환했다는 뜻이다. 적자에 시달리던 부실기업이 급격히 흑자를 낼 때, 내리막길을 걷던 주가가 갑자기 큰 폭으로 오를 때, 쉽게 말해서 안 좋은 상황이 빠르게 호전될 때 흔히 '턴어라운드했다'고 말한다.

그러고 보면 내 인생도 끊임없이 턴어라운드의 길을 걸어온 것 같다. 나는 가난 때문에 좋은 성적에도 불구하고 교수의 꿈을 접고 상업학교에 진학했다. 졸업 후 지방은행에 입사해 줄기차게 좋은 성과를 냈지만 '상고 출신'이라는 이유로 승진에서 고배를 마셨다. 시중은행으로 자리를 옮긴 후에도 탁월한 실적을 올렸으나 늘 '지방은행 출신'이라는 꼬리표가 따라다녔다. 또 은행 퇴출의 아픔을 겪은 후 증권사로 옮겼을 때는 '은행 출신'이라는 이유로 중요 업무에서 배제

되곤 했다.

끊임없는 노력에도 불구하고 내 인생은 늘 적자를 면치 못했다. 남들보다 좋은 성과를 내고도 항상 내리막길을 걸어야 했다. 그래서 한때는 가난을 원망했다. 능력이 아닌 학벌과 출신만을 따지는 사회에 끝없는 절망을 느끼기도 했다.

하지만 나는 누구보다 성공한 인생을 살아왔다고 자부한다. 은행원 시절에는 상고 출신으로는 드물게 외환 업무를 맡고 외국 연수까지 다녀오며 당당히 학벌의 벽을 넘었다. 시중은행에 다닐 때는 상고 출신과 지방은행 출신의 벽을 깨고 또래에 비해 일찍 '은행원의 꽃'이라 불리는 지점장이 됐다. 또 증권사에서는 선배들을 제치고 임원으로 승진했다. 2005년부터는 샐러리맨이 올라갈 수 있는 가장 높은 자리인 대표이사를 맡고 있다.

상업학교밖에 나오지 못한 시골 촌놈이 대한민국 금융 1번지인 여의도를 활보하는 CEO가 됐으니 이 정도면 성공한 인생이라 부를 만하지 않은가. 처음 은행에 들어가 받은 연봉과 40년이 흐른 지금 자산운용사 CEO가 되어 받는 월급을 수익률로 계산해보면 무려 3,000퍼센트에 달한다.

비결은 간단하다. '긍정'이다. 나는 내게 주어진 환경을 늘 긍정의 시선으로 바라봤다. '상고 출신이라서 안 된다'가 아니라 '상고 출신이니까 학벌의 벽을 깰 기회를 가졌다'고 생각했다. '지방은행 출신이라서 불가능하다'가 아니라 '지방은행 출신으로서 탁월한 지점장이 될 기회'가 주어졌다고 생각했다. 나는 환경에 체념하고 순응하기보다는 긍정으로 턴어라운드하기 위해 수없는 자기 암시와 다짐을 하면서 살아왔다.

은행원 시절, 때가 되면 월급 받고 연차가 쌓이면 승진하는 생활에 만족할 수도 있었다. 하지만 나는 '10년 후 지점장'을 꿈꾸며 끊임없이 나를 업그레이드했다. 월급의 3분의 1을 외국어 공부에 투자해 '승진 코스'라 불리는 외환 업무를 꿰찼다. 스물아홉이라는 늦은 나이에도 대학에 들어가 공부했고, 뒤이어 대학원에도 진학해 이론과 실무의 균형을 다졌다. 나만의 노하우로 한국 경제를 움직이는 전문가 100명을 든든한 내 편으로 만들기도 했다. 그 결과 '상고 출신의 가난한 은행원'은 강남의 대형 은행 지점장으로 턴어라운드할 수 있었다.

은행 퇴출로 실업자가 됐던 내가 불과 3년 만에 증권사 임원으로 초고속 승진하고, 직장생활 30년 만에 샐러리맨이 오를 수 있는 가장 높은 자리인 대표이사에 앉게 된 것도 긍정의 턴어라운드를 고집한 결과다.

유리자산운용 대표이사로 재임할 당시 모든 기업은 외환위기로 사업 축소 또는 인력 구조조정에 몰두하고 있었다. 단기간 손익과 분위기 쇄신을 위해서는 그것이 가장 손쉬운 방법이었다. 그러나 나는 다른 방법을 택했다. 인력을 그대로 유지하면서 당시 다른 자산운용사들이 관심을 갖지 않던 인덱스(지수연동형)펀드와 스몰캡(중소형주)펀드 시장에 과감히 투자했다. 한마디로 긍정적인 방법으로 새로운 시장을 개척한 것이다. 그 결과 상당한 성과를 거뒀을 뿐 아니라 직원들도 단 한 명의 낙오자 없이 동행할 수 있었다.

현재 몸담고 있는 우리자산운용에서도 2008년 글로벌 금융위기의 여파로 회사 성장에 어려움을 겪고 있다. 하지만 나는 항상 긍정의 턴어라운드로 대응해가고 있다.

일례로 최근 계속되고 있는 자본시장의 불황에 낙담하는 대신에 자본시장과 연관성이 낮은 대안투자펀드와 사모펀드(PEF) 시장을 회사의 신성장 동력으로 삼고 있다. 최근에 설립한 '포스코-EIG 코퍼레이트 파트너십 PEF'가 그 일환이고, 앞으로 다양한 PEF 상품들이 가시화될 예정이다. 이러한 방법들은 회사 성장에 새로운 기반이 될 것으로 기대하고 있다.

수없이 많은 위기의 순간을 겪으면서도 내가 끝까지 긍정의 턴어라운드를 고집할 수 있었던 것은 다음의 네 가지를 나만의 성공 자산으로 삼았기 때문이다.

첫째, 시련이다. 나에게 시련은 잠자고 있는 내 안의 재능과 능력을 일깨워주는 최고의 동반자다. 둘째, 사람이다. 나의 성공을 지지하고 도와주는 사람들이 없었다면 지금의 나는 결코 없었을 것이다. 셋째, 돈에 대한 철학이다. 오랜 기간 금융 분야에 몸담으며 내가 깨달은 사실 중 하나는 돈에 대한 분명한 철학이 있어야 사람의 마음을 얻고 성공의 기회도 얻을 수 있다는 것이다. 넷째, 긍정의 힘이다. 긍정의 힘을 믿는 사람만이 자신의 인생을 긍정으로 턴어라운드할 수 있다.

물론 내가 살아온 삶이 정답은 아닐 것이다. 개인의 노력과 능력만을 성공의 조건으로 삼는 것은 부당하다고 말하는 이도 있을 것이다.

맞는 말이다.

  그러나 분명한 사실 중 하나는 현실이 저절로 좋아지길 기다리는 것보다는, 지금 당장 할 수 있는 일에 최선을 다하는 것이 더 나은 선택이라는 것이다. 주변 사람들과의 협력하여 좋지 않은 환경을 바꾸고 싶다는 절박함, 안 되는 줄 알면서도 시도하고 도전하는 용기, 시련과 역경을 성공의 동반자로 여기는 강인함, 가진 것이 없으니까 앞으로 성공할 기회가 더 많다는 긍정의 태도가 그 어느 때보다 우리에게 필요하다고 생각한다.

  지금 한국 경제는 대내외적으로 많은 도전에 직면해 있다. 전 세계적인 불황, 청년 실업과 양극화 등 참으로 많은 어려움이 우리 앞에 놓여 있다. 하지만 아무리 어려운 환경이라고 해도 긍정적으로 세상을 바라보고 자신을 변화시키는 긍정의 턴어라운드를 해나간다면 분명 답은 있을 것이다.

  나는 내가 부족한 사람이라는 것을 잘 안다. 그래서 이 책을 내기까지 수천 번, 수만 번 망설이고 또 망설였다. 하지만 단 한 사람이라도 이 책을 통해 삶의 희망을 발견하고, 긍정적으로 인생을 바라보고, 삶에 대한 자신감을 되찾을 수 있다면 그것으로 만족한다. 이렇게 힘든 세상에서 나의 경험이 조금이나마 어려운 현실을 살아가는 이들에게 위안이 되고 도움이 되길 간절히 바란다.

2013년 1월 10일
차문현

추천사 싸우지 않고 이길 수 있는 따뜻한 지혜를 가진 멘토 4

프롤로그 긍정의 턴어라운드를 꿈꾸며 7

성공 자산 하나, 시련
시련은 성공의 동반자다

가난을 대하는 우리의 자세 19

내가 잡좌를 뒤진 까닭 28

찾아가는 서비스의 모든 것 35

배우고 배우고 또 배워라 43

나만의 플러스 알파를 찾아라 50

새벽 3시, 나는 달린다 57

한여름 밤의 잠복근무 64

성공 자산 둘, 사람
사람을 얻어야 성공을 얻는다

지는 것이 이기는 것이다 73

'Take'보다 'Give'가 먼저다 79

죽을 때까지 밥을 사라 86

누구도 적으로 만들지 마라 94

가족에게 연애편지 쓰는 남자 101

직원에게 영상편지 받는 남자 106

보이지 않는 이력서를 작성하라 112

신뢰를 부르는 거절의 기술 118

선물하고, 칭찬하고, 길을 걷고 124

자신을 멘토로 만들어라 130

성공 자산 셋, 돈
돈을 써야 돈을 번다

아내는 왜 콩나물국을 엎었을까　139

돈 앞에 공평한 심판자가 되라　146

개평에 숨어 있는 필승의 비밀　152

논어와 주판을 동시에 잡아라　158

돈이 돈을 벌게 해야 돈을 번다　164

이기는 투자를 하라　171

버는 기술, 쓰는 예술　177

빼기와 나누기로 셈법을 바꿔라　184

돈에도 철학이 필요하다　191

성공 자산 넷, 긍정
긍정은 성공의 지름길이다

외나무다리를 건너는 방법 199

일을 놀이처럼 즐겨라 204

설악산 봉정암에선 무슨 일이? 209

운이 좋다고 믿어라 214

깡다구, 결정적 순간에 나오는 힘 219

나와의 싸움에서 이겨라 225

지금 필요한 것은, 클리나멘 229

삶은 마라톤이다 236

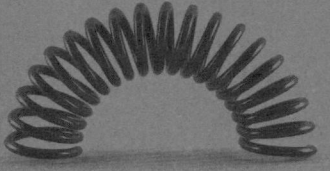

성공 자산 하나, 시련
시련은 성공의 동반자다

Power of Positive Thinking

가난을 대하는 우리의 자세

내가 아주 어렸을 때 우리 집은 대가족이었다. 할아버지와 할머니, 큰아버지의 가족들과 우리 가족까지 열 명 남짓한 수가 한 지붕 밑에서 살았다.

당시 큰아버지는 학교 선생님이었다. 아버지도 교단에 선 적이 있었고 인근 마을에서 야학 선생님을 하기도 했다. 변변한 놀 곳이 없던 시골이라 어린 나는 출근하시는 아버지를 따라 학교 운동장에서 놀곤 했다. 가끔 창문 너머로 아버지가 수업하시는 모습을 훔쳐보곤 했다. 어린 마음에도 그렇게 멋져 보일 수 없었다. 그러면서 자연스럽게 교단에 서고 싶다는 꿈을 키웠다.

그러다 내가 초등학교에 입학한 해에 우리 가족은 고향인 경남 합천을 떠나 진주로 이사를 갔다. 분가를 한다는 것이 쉽지는 않았지만, 시골 생활에 답답함을 느끼셨던 어머니와 더 넓은 곳에서 꿈을 이뤄보고 싶었던 아버지의 바람이 컸던 모양이다.

갑작스러운 이사였던지라 형편이 넉넉지 않았다. 변두리 꼭대기에 있는 오래된 초가집에 살림을 풀었다. 비가 오면 세숫대야에 물 떨어지는 소리를 자장가 삼아 들으면서 밤을 지새우곤 했다. 지붕을 타고 내려오는 지네를 잡느라 한밤중에 소동이 벌어진 것도 여러 번이었다. 그렇게 고생스런 생활이었지만 어린 내가 보기에도 어머니는 고된 시집살이에서 벗어난 것만으로도 행복해 하셨던 것 같다.

아버지도 조금씩 자신의 꿈을 향해 나아갔다. 진주 시내에 있는 우체국에서 일하던 아버지는 얼마 후 은행으로 자리를 옮겼고, 이내 자신의 오랜 꿈인 사업가에 도전했다. 지인들과 함께 회사를 설립하신 것이다.

아버지가 세운 회사는 무진 회사로 지금의 저축은행 전신이다. 소액대출을 위한 일종의 사설 금융기관이다. 당시만 해도 큰돈을 빌릴 수 있는 곳이 은행밖에 없었다. 그나마도 많지 않아서 아버지 회사는 큰 어려움 없이 성장하였다. 덕분에 나는 부족함 없는 학창시절을 보낼 수 있었다.

하지만 그것도 잠시, 내가 중학교 3학년이 되던 해 아버지 회사가 부도를 맞았다. 집에는 늘 빚쟁이들이 몰려들었다. 돈을 빌려 빚을 갚고 다시 돈을 빌려 그 빚을 갚는 악순환이 계속됐다. 설상가상으로 신용을 잃게 된 아버지는 자신의 의지와 관계없이 더는 경제활동을 할 수 없게 되었다. 나는 그때 돈의 무서움을 깨달았다.

하루는 학교에 갔는데 담임선생님께서 밀린 기성회비와 잡부금을 내라고 독촉하셨다. 사정을 말하면 지금 기한을 조금 더 연장할 수 있었을 텐데, 남자 자존심에 아쉬운 소리를 하기 싫어서 침묵으로 일관했다. 그러자 선생님은 내가 반항하는 것이라고 여기셨는지 친구들이 다 보는 앞에서 몽둥이를 들었다. 급기야는 화를 참지 못하시고 당장 집에 가서 돈을 가지고 오라며 나를 교실에서 내쫓았다.

큰 말썽을 일으킨 것도 아닌데, 단지 돈을 안 냈다는 이유로 친구들 앞에서 망신을 당하고 매를 맞는 것이 몹시 자존심 상하고 서럽고 억울했다. 뛰쳐나오듯 교실을 빠져나왔다. 하지만 딱히 갈 곳이 없었다. 집에 가도 가져올 돈이 있기는커녕 화병으로 몸져누운 부모님만이 계실 뿐이었다.

진주 곳곳을 정처 없이 돌아다녔다. 촉석루에도 가고, 남강에도 가고, 대나무밭에도 갔다. 아름답게 빛나는 강물을 바라보자 이런 생각, 저런 생각이 꼬리를 물고 이어졌다. 순간 강물에 빠져 죽고 싶다는 극단적인 생각이 들기도 했다. 애써 마음을 추스르고 집으로 돌아가는데 저 멀리서 어머니의 모습이 보였다. 평소보다 늦는 나를 걱정하며 골목 어귀로 마중을 나오신 것이었다. 순간 왈칵 울음이 솟았지만, 어머니께서 걱정하실까 봐 꾹 참고 도서관에서 공부하다 늦었다며 에둘러 변명했다.

늦은 저녁을 허겁지겁 먹고 곧바로 집을 나왔다. 무겁기만 한 집안 분위기를 참을 수가 없어서였다. 집 근처에 있는 산꼭대기에 올라 진주 시내를 내려다보며 한참을 울었다. 마른 눈물을 모두 쏟아내자 정신이 맑아지면서 한 가지 생각만이 머릿속을 맴돌았다.

'이제부터는 내가 우리 집의 가장이다. 내가 당장 돈을 벌지 않으면 온 가족이 굶어 죽을지도 모른다. 하루빨리 취직해서 집안을 일으켜 세우자.'

나는 인문계 고등학교 진학을 포기하고 상업학교에 들어갔다. 대학 진학 대신 취업을 선택한 것이다. 당시 대부분의 상고에서는 은행 취업에 유리한 교과목을 가르치고 있었다. 그때만 해도 은행은 정년이 보장되는 가장 안정된 직장이었고, 상고 출신으로는 가장 높은 대우와 급여를 받을 수 있는 곳이었다.

그런데 막상 상고에 들어가니 억울한 마음이 생기기 시작했다. 은행원이 되어 돈을 많이 벌어야 한다고 생각하면서도, 한편으로는 대학에 들어가고 싶다는 생각이 나를 괴롭힌 것이다. 때마침 찾아온 사춘기는 이런 내 마음을 더욱 부추겼다.

당시 진주에는 상업학교가 없어서 부산에서 자취 생활을 해야 했다. 나 외에도 좋은 학교로 진학하기 위해 부산으로 유학을 가는 학생들이 여럿 있었다. 인근 지역에서 유학을 오는 학생들이 제법 있다 보니 부산에는 이른바 자취촌이 형성되어 있었다. 문제는 그 자취촌에 중학교 동창이 여럿 살고 있었다는 점이다.

나는 돈이 없어서 산꼭대기 단칸방에 사는데, 그 친구들은 아랫동네의 좋은 집에서 살았다. 나는 빚 때문에 상업학교에 다니는데, 그 친구들은 인문계 명문학교에 다녔다. 어린 마음에 그런 내 현실이 몹시 부끄럽고 창피했다. 혹여나 그 친구들과 마주칠까 봐 등하고 때마다 모자를 푹 눌러쓰고 먼 길을 돌아다니곤 했다.

취업 시즌이 되자 본격적인 방황이 시작됐다. 수업 시간에도 상업학교 교과서 대신 대입 참고서를 공부했고, 방학 때도 보충수업을 빠지고 절에 들어가 대학 예비고사를 준비했다. 시간이 흘러 드디어 선택의 순간이 찾아왔다. 나를 위해 대학 예비고사 시험(수능시험)을 치고 가족들을 위해 은행 면접을 봤는데, 둘 다 합격 통보를 받은 것이다. 대학에 합격한 것이 뛸 듯이 기쁘면서도 가족들을 생각하면 차마 입이 떨어지지 않았다. 대학이냐 은행이냐, 두 가지 선택지를 놓고 고통스러운 갈등의 시간이 이어졌다.

나는 결국 은행을 선택했다. 아니, 선택할 수밖에 없었다. 집에서 돈을 벌 수 있는 사람이 나밖에 없었기 때문이다. 내가 당장 돈을 벌지 않으면 빚을 갚는 건 둘째 치고, 부모님과 어린 동생들이 거리에 나앉을 수도 있는 상황이었다. 한가하게 대학 타령을 하고 있기엔 가장으로서의 책임감이 내 어깨를 강하게 짓눌렀다.

열아홉 살에 부산은행 진주지점에서 첫 직장생활을 시작했다. 첫 출근을 앞두고 두 가지 생각이 나를 지배했다. 하나는 '이 직장에서 잘못되면 우리 가족이 다 굶어 죽을지도 모른다'는 절박함이었다. 다른 하나는 '이왕 은행원이 됐으니 최고의 자리까지 올라가 보자'는 의지였다.

가진 것이 없으니 더는 잃을 것이 없었고 절박함에 오기가 더해지자 무서울 것이 없었다. 가진 것은 빚밖에 없는 내가 할 수 있는 유일한 일은 은행원으로서 능력을 인정받고 최고의 자리까지 올라가는 것뿐이었다. 그래서 나는 세 가지 원칙을 세웠다. 첫째, 은행 내에서 가장 부지런한 사람이 되자. 둘째, 남이 싫어하는 일을 내가 먼저 솔선수범하자. 셋째, 은행원을 천직으로 생각하자.

당시 은행의 출근 시간은 오전 9시였지만 나는 매일 오전 7시에 출근했다. 나에게 주어진 일은 의자에 앉아서 손님들을 맞고, 입출금 내역을 정확하게 계산하는 것이었다. 그러나 나는 시간이 날 때마다 은행 곳곳을 청소했다. 마당을 쓸고, 유리창을 닦고, 화단에 물을 주고, 화장실과 계단을 청소했다. 아예 작업복을 챙겨 와서 출근하자마자 옷을 갈아입고 청소에 매진했다.

사실 청소는 서무직원들의 몫이었다. 행원이 청소하는 경우가 없다 보니 다들 나를 이상하게 생각했다. 어린 나이에 처음 직장생활을 하니까 뭘 잘 몰라서 그런다고, 조금만 지나면 그만둘 거라고 생각했던 모양이다. 그런데 일주일이 지나고 한 달이 지나도 변함없이 오전 7시에 출근해 청소를 하니 나중에는 다들 당연하다는 듯이 나와 함께 청소를 하기 시작했다.

누가 시킨 것도 아닌데 청소를 자청한 이유는 간단했다. 내 기분이 좋아서다. 바닥을 쓸고 물청소를 하고 나면 머릿속이 맑아졌다. 깨끗하게 청소한 후 내 자리에 앉아 은행 문을 열고 출근하는 선배들에게 큰 목소리로 인사를 건넬 때마다 마음이 들떴다. 또 고객들이 기분 좋은 표정으로 은행 문을 들어설 때마다 그렇게 기분이 상쾌할 수 없었다.

1972년 당시만 해도 전산화 작업이 안 되어 있어서 모든 입출금 내역을 일일이 수기로 기록했다. 사람이 하는 일이다 보니 한창 바쁠

때는 잔액이 맞지 않는 경우가 생겼는데, 그럴 때마다 야근을 해야만 했다. 각 창구 텔러와 예금계의 출납현금 잔액이 단 1원도 오차가 없어야 퇴근할 수 있었기 때문이다.

사실 그때만 해도 나는 초급 행원이었기 때문에 맡은 업무가 적었고, 할 수 있는 일이 별로 없어 야근을 하는 경우가 드물었다. 그러나 나는 항상 늦게까지 남아 선배들의 업무를 도왔다. 그런 일이 반복되다 보니 나중에는 잔액대사를 할 때 틀린 부분을 찾아내는데 통달한 수준이 됐다. 잔액이 틀릴 때마다 단골로 불려다닐 정도였다. 그러다 보니 퇴근도 항상 마지막에 했다.

그 결과 나는 은행에서 '가장 일찍 출근하고 가장 늦게 퇴근하는 부지런한 사람', '모두가 꺼리는 청소를 도맡아 하는 성실한 사람', '잔액장 대사는 물론 어려운 일까지 믿고 맡길 수 있는 능력 있는 사람'이라는 평가를 얻을 수 있었다. 그것도 직장생활을 시작한 지 6개월 만에 말이다.

사람들은 흔히 가난을 불행이 아니라 불편한 것이라고 말한다. 하지만 가난을 경험해본 사람은 감히 그렇게 말하지 못한다. 가난 때문에 밥을 굶고, 가난 때문에 자존심이 무너지고, 가난 때문에 꿈을 포기해본 사람은 가난이 얼마나 사람을 비참하게 만드는지 너무나 잘 알고 있다.

나 역시 가난 때문에 교단에 서고 싶다는 꿈을 포기해야 했고, 원하지 않는 직장생활을 해야 했으며, 빚을 갚기 위해 무려 10년 동안이나 안간힘을 쓰며 살았다. 조금이라도 돈을 더 벌기 위해 하루가 멀다 하고 숙직을 섰고, 혹여 직장을 잃지 않을까 두려워 다른 사람보다 부지런히 일했다.

하지만 부모님이 나에게 물려준 가난은 단순히 고통만 준 것은 아니었다. 가난 덕분에 나는 절실함이 무엇인지 배울 수 있었고, 어려움을 극복해낼 용기를 가질 수 있었으며, 성공에 대한 강력한 열망을 키울 수 있었다. 만약 내가 가난하지 않았다면, 빚도 없었다면, 돌봐야 할 가족이 없었다면, 나는 결코 남보다 부지런할 수도, 남들보다 빨리 능력을 인정받을 수도 없었을 것이다.

미국의 여류시인 에이미 로웰은 가난에 대해 이렇게 말했다.

"가난은 그대가 상속받은 재산이다. 가난하기 때문에 그대에게는 참을성이 생겼고 작은 것도 고맙게 생각하는 마음을 가졌다. 가난하기 때문에 슬픔을 가슴에 품고 견디는 인내력, 가난하기 때문에 어려운 사람을 도울 줄 아는 따뜻한 마음씨, 이것들이 그대의 재산이다."

미국 시사주간지 타임지가 선정한 아시아 최고의 기업가이자 일본에서 '경영의 신'으로 불리는 마쓰시타 전기공업의 마쓰시타 고노스케 회장도 가난을 성공의 재산으로 삼은 사람 중 한 명이다. 그는 '내가 성공한 세 가지 이유'에 대해 이렇게 말한 바 있다.

"나는 하늘로부터 가난, 허약, 무학이라는 세 가지 은혜를 받았다. 가난한 집안에서 태어난 덕분에 어릴 때부터 갖가지 힘든 일을 하며 세상살이에 필요한 경험을 쌓았다. 허약하게 태어난 덕분에 어릴 때부터 운동을 꾸준히 해서 건강을 유지할 수 있었다. 초등학교 중퇴라는 학력 덕분에 세상 모든 사람을 스승으로 여기며 배우고 익히는데 힘썼다."

가난이 세상에서 가장 지독한 저주인 것은 분명하다. 하지만 가난을 대하는 태도에 따라 그 결과는 천지차이가 난다. 가난을 저주의 대상으로만 생각하면 평생 가난에 짓눌려 살지만, 가난을 재산으로 삼으면 성공을 돕는 촉매제가 되는 것이다.

과연 나는 가난을 어떻게 대하고 있는가. 한 번쯤 생각해볼 일이다.

내가 잡좌를 뒤진 까닭

지금은 외부 경비 시스템이 잘 되어 있지만, 내가 초급 행원이던 때만 해도 직원들이 돌아가며 숙직을 했다. 결혼했거나 술을 좋아하는 직원들은 당연히 숙직을 꺼렸다. 그래서 나는 이렇게 선언했다.

"저는 총각이니까 언제든지 외박이 가능합니다. 숙직하기 어려울 때마다 마음 편히 저를 활용하십시오!"

어차피 나는 늦게 퇴근하고, 아침에 일찍 나와야 한다. 그렇다면 밤늦게 집에 갔다가 아침 일찍 출근하는 것보다 차라리 숙직실에서 자고 아침에 일어나 운동 겸 청소를 하는 것이 시간을 아끼는 방법이기도 했다. 그래서 나는 선배들의 뜨거운 호응 속에 일주일에 3~4일은 숙직실에서 지냈다.

언뜻 보면 여러 가지 면에서 손해인 것 같지만, 사실은 얻은 것이 더 많았다. 사람들이 대신 숙직을 해줘서 고맙다며 저녁마다 밥을 사준 덕분에 저녁 밥값을 아낄 수 있었다. 화기애애한 분위기에서 같이 어울려 식사하다 보니 선배들과 더 빨리 친해질 수 있었다. 또 숙직하면서 업무에 필요한 공부를 틈틈이 한 덕분에 동기들보다 훨씬 빠른 기간에 업무를 익힐 수 있었다.

가장 큰 혜택은 역시 돈이다. 당시 갚아야 할 빚이 산더미였는데, 숙직을 하면 적은 돈이지만 꼬박꼬박 수당이 나왔다. 사람들에게 선심을 베풀면서 돈까지 벌 수 있었으니 나에겐 일거양득이었던 셈이다.

은행에 입사한 지 2년쯤 됐을 때다. 하루는 전 직원이 설악산으로 1박 2일 야유회를 떠나게 됐다. 당시에는 모든 은행이 토요일에도 출근했는데, 모처럼 연휴를 활용해 미뤘던 단합 여행을 떠나기로 했다. 직원들은 오래간만의 야유회로 며칠 전부터 들뜬 분위기였다. 그런데 문제가 생겼다. 야유회 바로 전날 은행감독원으로부터 '며칠 후에 감사가 있으니 월요일까지 사전보고서를 제출하라'는 공문이 온 것이다.

지금처럼 전산 처리가 되면 문제될 것이 없지만, 당시는 모두 수기로 작성하던 때라 이만저만 큰일이 아니었다. 예를 들어 대출의 경우 기준 금액 이상은 전부 커다란 용지에 옮겨 적어야 했는데, 그것도 한 장이 아니라 먹지를 깔아서 같은 내용을 여러 장 써야 했다. 분량도 만만치 않아서 제출 날짜를 맞추려면 야유회를 취소해야 하는 상황이었다.

그 순간 나는 처음 출근하던 날 다짐했던 세 가지 원칙을 떠올리고 주저 없이 손을 번쩍 들었다.

"여러분은 모두 야유회에 가세요. 제가 남아서 모든 보고서를 혼자서 작성하겠습니다. 대신 먹을 것만 넉넉하게 사주고 가세요."

나 역시 남들처럼 야유회에 가서 재미나게 놀고 싶었다. 그럼에도 자발적으로 총대를 멘 데는 이유가 있었다. 당시 감사 자료를 작성하려면 최소 대리급 이상은 되어야 했다. 나는 2년차 행원이었지만, 그동안 누구보다 부지런히 일하며 잔액장 대사부터 대부 업무까지 모든 업무를 꿰고 있어서 자신이 있었다. 지금이야말로 내 실력을 충분히 발휘할 수 있는 절호의 기회라고 생각했다.

다행히 지점장님의 허락이 떨어졌다. 주말 이틀 동안 혼자 은행에 남아 보고서를 작성했다. 한여름에 선풍기를 틀어놓고 속옷만 입은 채 꼬박 밤을 새워서 일했다. 그런데 신기할 정도로 피곤을 느끼지 못했다. 그저 '내가 혼자서 이걸 할 수 있다니'라는 생각에 스스로 감격스러울 뿐이었다.

그리고 며칠이 지났을 때, 은행 안팎에 이상한 소문이 돌기 시작했다. "진주지점에 희한한 놈이 있다더라"며 내가 했던 일들이 알려진 것이다. 물론 불발에 그쳤지만, 덕분에 다른 지점에서 앞다퉈 나를 스카우트하려는 행복한 일을 경험할 수 있었다.

몇 년 후 나는 군대에 갔다. 당시 은행원에게는 파격적인 특혜가 있었는데, 입행 후에는 군대에 가더라도 급여가 나온다는 것이다. 당시 갚아야 할 빚이 산더미였던 나로서는 무려 3년이라는 군 복무 기간 동안 은행원 신분을 유지하면서 월급까지 꼬박꼬박 받을 수 있다는 것은 대단한 혜택이었다. 나이는 어렸지만 군대에서 은행원이라고 대우받았던 것도 은행에 대한 고마움을 키우는데 한몫했다. 그래서 나는 제대 후 복귀하자마자 은행에 진 빚을 갚기로 했다. 내 나름대로 점주 활동을 하기로 한 것이다.

어느 정도 일반 업무에 익숙해지자 본격적으로 영업에 뛰어들었다. 막무가내로 은행 홍보물을 들고 신문 배달을 하듯이 여기저기 돌아다녔다. 그런데 막상 영업을 해보니 어려운 것이 한둘이 아니었다. 잡상인 대우를 받거나 문밖에서 쫓겨나기 일쑤였다. 주변에 큰돈을 예금해줄 사람이 있는 것도 아니었고, 이제 막 제대한 터라 부탁할 사람도 마땅치 않았다. 단시간에 고객을 확보하는 일은 불가능해 보였다.

할 수 없이 방법을 바꾸기로 했다. 남들이 안 하는 일을 하기로 했다. 남들이 하기 싫어하고 꺼리는 일을 해서라도 어떻게든 제 몫을 해야 한다고 생각한 것이다.

그때만 해도 모든 계좌를 수기로 작성하고 종이 문서로 관리했기 때문에 창고에는 늘 서류들이 넘쳐났다. 그중에는 '잡좌(잡스러운 계좌)'라고 해서, 거래 중단 상태가 오래된 고객들의 휴면 계좌가 있었다. 주기적으로 거래를 하지 않으면 창고에 팽개쳐두었는데, 그 고객들이 찾아올 때마다 먼지 쌓인 창고에서 계좌 서류를 찾는 일이 여간 고역이 아니었다. 게다가 이미 예치된 돈이 있으면 밀린 이자를 계산하느라 골머리를 썩곤 했다.

그래서 나는 마음먹고 잡좌 서류를 모두 정리하기로 했다. 야근을 밥 먹듯이 하면서 서류를 꺼내고, 종류별로 묶고, 일목요연하게 파일을 만들었다. 그렇게 정리를 하다 보니 이자가 제법 되는 계좌들이 눈에 띄었다. 그동안 거래가 많았지만 마지막으로 거래한 지 꽤 오래 됐다는 얘기다. 그렇다면 결론은 하나다. 우리 은행과 열심히 거래하다가 뭔가 마음에 안 드는 일이 있었거나 사정이 생겨서 거래를 중단한 것이다. 그 순간 이런 생각이 들었다.

'신규 고객을 만드는 일도 중요하지만, 기존 고객을 다시 돌아오게 하는 일이 더 중요하지 않을까?'

그래서 나는 개점 초까지 거슬러 올라가 이자나 잔고가 많은 계좌를 선별해서 그 고객들에게 다음과 같은 내용의 편지를 보냈다.

'그동안 저희 은행과 거래를 해주셔서 감사합니다. 현재 상당한 금액의 이자가 발생했으니 은행에 오셔서 찾아가시기 바랍니다.'

그렇게 수백 통의 편지를 보내자 즉각 반응이 왔다. 편지를 받고 지점을 방문한 고객 중 상당수가 거래를 재개한 것이다. 그중에는 멀리 이사를 가게 돼서 거래를 중단한 고객도 적지 않았는데, 그분들까지 오셔서 거래를 하기로 했다. 지금이야 편하게 온라인으로 거래하지만, 그때만 해도 입금이나 출금을 하려면 직접 지점을 방문해야 했다. 그 불편을 감수하면서까지 자주 오지 않아도 되는 정기예금이나 정기적금을 추가로 가입한 것이다.

그중 몇 분은 지점장을 찾아가 '요즘에 이런 기특한 은행원이 어디 있느냐'며 내 칭찬을 하기도 했다. 그제야 옛날 고객들에게 편지를 보낸 사실을 알게 된 지점장님이 급히 나를 불렀고, 처음으로 지점장님에게 칭찬을 받았다. 남들이 안 하는 일을 한 덕분에 칭찬도 받고,

내 고객도 생기고, 큰 예금도 유치할 수 있게 된 것이다.

돌이켜 생각해보면 주변에 큰돈을 예금해줄 사람이 없었던 것이 오히려 나에겐 성공의 자산이 된 것 같다. 남들이 안 하는 일에 눈을 돌려서 그곳에서 새로운 블루오션을 찾아냈으니 말이다.

타고날 때부터 가진 것이 많으면 아쉬울 것이 없다. 노력하지 않아도 원하는 것을 가질 수 있으니 노력할 필요를 느끼지 못하기 때문이다. 반면 처음부터 가진 것이 없는 사람은 아무리 노력해도 얻을 수 있는 것이 적기 때문에 매사가 절박하다.

하지만 억울해할 이유는 없다. 가진 것이 많을수록 성공의 문턱까지 가기는 쉽겠지만, 결정적인 순간에는 가진 것이 없다는 절박함이 성패를 가른다. 중간에 포기하지 않고 끝까지 하는 강인한 의지와 끈기는 온실 속에서는 결코 자라지 않는 것이다.

개그맨 김병만 씨는 유난히 작은 키 때문에 고생을 많이 했다고 한다. 어려서는 친구들에게 괴롭힘을 받았고, 연기학원에 다닐 때는 원장에게 '키가 작아서 연예인이 될 수 없겠다'는 말을 들었다고 한다. 실제로 그는 서울예대에 6번 응시했다가 모두 떨어지고, 개그맨 공채시험에서도 7번이나 낙방했다.

키는 8할이 유전자에 의해 결정된다고 한다. 개인의 노력으로 해결할 수 있는 부분은 극히 적다. 그는 한 방송에서 그때의 심정을 이렇게 토로하기도 했다.

"개그맨 시험에서 7번째 떨어졌을 때 모든 것을 포기하고 싶었다. 옥탑방에 올라가 잠시 아래를 바라봤다. 하지만 떨어질 용기조차 나지 않아 다시 바닥에 주저앉았다."

한때 자살 결심까지 했던 김병만은 개그맨이 되고 싶다는 자신의 꿈을 포기하지 않았다. 작은 키 때문에 남보다 더 지독하게 연습했고, 시선을 돌려서 남들이 하지 않는 묘기에 가까운 개그에 도전했다. 그 결과 '달인 개그'라는 독보적인 분야를 개척했고, 스타의 반열에 오를 수 있었다.

결국 성공은 결핍에 대처하는 자세에 달린 것 같다. 결핍을 '벗어날 수 없는 고통'으로 여기면 평생 결핍에 시달리지만, 반대로 내게 주어진 환경을 인정하고 받아들이면 그것을 극복해낼 방법과 용기를 얻게 된다.

영화 '에반 올마이티'에는 이런 대사가 나온다.

"만약 누군가 용기를 달라고 기도하면 신은 용기를 줄까요, 아니면 용기를 발휘할 기회를 줄까요? 만약 누군가 가족의 행복을 달라고 기도하면 신은 행복을 줄까요, 아니면 서로 사랑할 기회를 줄까요?"

어쩌면 우리에게 필요한 것은 성공 그 자체가 아니라, 결핍이라는 성공의 기회가 아닐까?

찾아가는 서비스의 모든 것

업무는 그럭저럭 해냈지만, 상고 출신이라는 열등감은 좀처럼 극복하기가 어려웠다. 하루는 야외에서 회식을 한 적이 있었다. 여름이었는데 남자 직원들끼리 속옷만 입고 계곡물에 들어가서 술을 마셨다. 이때 나는 윗분들에게 잘 보이고 싶은 마음에 못 마시는 술을 다 받아마셨다. 상고 출신이라는 무시를 당하고 싶지 않은 마음이 엉뚱한 방향으로 표출된 것이다.

치사량을 훨씬 넘긴 소주 60잔을 연거푸 마셨다. 그런데 아무리 마셔도 취하지가 않았다. 차가운 물속에 앉아 있으니 몸에 열이 올라와도 느끼지 못한 것이다. 그러다가 어느 순간 기억을 잃었다. 기절해버린 것이다. 덕분에 회식 분위기는 엉망이 됐고, 나 역시 며칠 동안 죽을 고생을 했다. 가까스로 '근성 있는 놈'이라는 평가를 받은 것이 그나마 다행이었다.

그 사건을 계기로 상고 출신이라는 열등감을 어떻게 하면 극복할 수 있을까를 고민했다. 그러다 눈에 띈 것이 바로 외환 업무다. 당시 상고 출신이 절대 못 맡는 업무가 외환이었기 때문이다.

외환 업무는 모든 은행원에게 선망의 대상이었다. 예금과는 비교도 할 수 없을 만큼 수익 규모가 커서 은행 내에서도 핵심 업무에 속해 '승진의 필수 코스'로 여겨질 정도였다. 그만큼 경쟁이 치열했고, 당연히 대졸 출신들이 맡는 업무라는 인식이 굳어져 있었다.

하지만 나는 그 벽을 뛰어넘고 싶었다. 그래서 과감하게 월급의 3분의 1을 어학 공부에 투자했다. 외환 업무를 맡기 위해서는 외국어 실력이 필수였기 때문이다. 빚을 갚느라 힘든 상황이었지만, 나의 미래를 위해 그 정도는 투자해야 한다고 생각했다.

그때부터 새벽마다 부산에 있는 미군 부대에 찾아가 미국인에게 영어회화 과외를 받았고, 퇴근한 후에도 밤을 새우며 영어와 일본어 공부에 매달렸다. 시간을 쪼개서 당시 정부기관에서 운영하는 부산수출학교에 다니며 외환 업무도 열심히 배웠다.

내 실력에 어느 정도 자신감이 생기자 국제금융부장을 찾아갔다. 그리고 당당하게 외환 업무를 맡겨 달라고 말했다. 무모한 도전이었지만 내 노력은 헛되지 않아 상고 출신으로는 드물게 외환 업무를 맡게 되었다.

그리고 얼마 후 실력을 인정받아 대리로 승진했고, 동시에 외환 업무와 외국어 실력을 기반으로 김해공항지점에 발령을 받았다. 당시 공항지점 근무는 흔한 기회도 아니었고, 대리가 된 후 첫 근무지여서 내 각오는 남달랐다. 뭔가 확실하게 나만의 신화를 만들어야 한다고 생각했다. 기회는 생각보다 일찍 찾아왔다. 몇 달 후에 지점장이 큰 수술을 받게 되면서 업무 공백이 생긴 것이다. 지점에는 차장이 없고 나를 포함해 대리만 총 4명이 있었다. 이중 누군가는 지점장을 대신해 지점 운영을 책임져야 했다. 나는 주저 없이 지점장에게 이렇게 말했다.

"저에게 지점 운영을 맡겨 주십시오. 기존 매출액보다 10배 이상의 실적을 올리겠습니다."

지점장의 반응은 썩 좋지 않았다. 같은 대리라고 해도 나보다 연차가 많은 선배도 있었고, 공항지점에서 근무한 경험이 더 많은 사람도 있었기 때문이다. 지점장도 못 미더워하는 분위기였다. 하지만 나는 포기하지 않고 미리 준비한 사업계획서를 보여주며 끈질기게 설득했다. 그만큼 자신이 있었다.

다행히 가까스로 허락이 떨어졌고, 나는 즉시 계획을 행동에 옮겼다. 우선 출입국 관리사무소에 부탁해 외국을 빈번히 오가는 입출국자 명단부터 확보했다. 공항 단골손님부터 우리 고객으로 만들어야 한다고 생각한 것이다. 나는 그들의 집으로 환전 안내문을 발송했다.

'365일 쉬는 날 없이 항상 고객님을 맞이하겠습니다. 무엇이든 말씀하십시오. 환전 업무는 물론이고, 공항 입출국에 관련한 모든 서비스를 최선을 다해 해결해 드리겠습니다.'

당시만 해도 외국여행이 많지 않던 때라 100달러 지폐를 구하기가 쉽지 않았다. 그런데 단골손님이 100달러 지폐를 요구하는 경우가 더러 있었다. 그때마다 나는 고객이 원하는 만큼 지폐를 공수해서 제공했다. 비결은 간단했다. 공항에는 달러를 환전해서 외국으로 나가는 사람도 있지만, 반대로 외국에서 달러를 들고 입국하는 사람도 있었다. 입국 손님이 환전한 돈을 따로 챙겨뒀다가 필요한 사람에게 제공한 것이다.

공항에서 발생하는 각종 민원 처리도 내 담당이었다. 환전과 직접 연관된 업무가 아니어도 고객이 요구하면 발로 뛰면서 모든 애로사항을 해결해줬다. 이를 위해 평소에 공항 직원들에게 자주 밥을 사면서 친분을 쌓아두었다.

당시 공항 직원들은 나를 '호남'이라고 불렀다. 미남은 아니지만, 항상 웃고 다닌다고 해서 붙은 별명이었다. 별명의 힘은 대단했다. 직접 아는 사이가 아닌데도 이 별명 하나로 공항에서 일어나는 모든 일을 큰 어려움 없이 처리할 수 있었던 것이다. 어쨌거나 100달러 환전과 공항 민원 서비스가 입소문을 타면서 단골손님을 많이 확보할 수 있었다.

때마침 해외여행 자유화 조치가 시행되면서 외국 여행객이 늘어나기 시작했다. 나는 개인 여행자보다 단체 여행자에 초점을 맞췄다. 단기간에 많은 고객을 유치할 수 있는 방법이기 때문이다.

당장 호주머니를 털어서 화분을 산 후 여행사를 찾아다니기 시작했다. 해외여행 담당자 책상 위에 화분을 놓아주며 마케팅을 한 것이다. 그러나 이 방법은 다른 은행과 경쟁이 치열해서 정보 수집에 도움이 되지 않았다.

관건은 어떻게 단체 여행자의 정보를 구하느냐였다. 여러 가지 방법을 찾던 중 단체 여행객은 좌석 확보를 위해 몇 달 전에 예약한다는 사실을 알게 됐다. 그때부터 항공사로부터 기업이나 단체의 해외여행 정보를 구하고 여행사를 알아내서 그곳을 집중적으로 공략했다. 당시에는 해외여행이 드물 때라 여행 전에 미리 여행사에서 사전교육을 했는데, 그 날짜를 미리 알려달라고 부탁한 것이다.

그렇게 수집한 여행사 사전 교육 날짜에 맞춰서 여행사를 찾아가 예비 여행자들에게 환전을 해주었다. 요즘 표현대로 하면 '찾아가는 환전 업무'를 한 것이다. 여행객들은 번거롭게 은행에 가지 않아서, 나는 더 많은 고객을 확보할 수 있어서 좋았다. 한마디로 일거양득이었다.

당시 환전 업무는 외환은행이 전문이었고, 부산에 지점이 5개나 있었다. 다른 은행들도 환전 업무가 이익 창출이 많이 된다는 것을 알고 각 지점이 합동으로 영업하던 때였다. 그러나 우리 지점의 실적을 따라올 곳이 없었다. 여행자 정보는 모두 내가 틀어쥐고 있었기 때문이다.

실제로 김해공항에서 이뤄지는 단체 출국 고객 환전의 60% 이상이 우리 지점에서 이뤄졌다. 환전을 얼마나 많이 했는지 마산은 물론 서울지점에서까지 달러를 공수한 적이 한두 번이 아니었다.

그래서 수시로 금고 안에 있는 외화를 정리했는데, 가득 쌓여 있는 일본 엔화가 항상 마음에 걸렸다. 재고 자산은 수익에 악영향을 주기 때문이다. 하지만 일본으로 관광을 가는 사람들이 아직은 드물 때였다. 그래서 떠올린 아이디어가 금고에 쌓여 있는 엔화를 일본으로 수출하자는 것이었다.

곧바로 본점에 제안서를 올렸다. 그러자 좋은 아이디어라며 금방 허가가 떨어졌다. 일본 은행과 계약을 맺어서 박스에 엔화를 넣어서 보냈다. 우리가 엔화 지폐를 보내면 도착한 날의 환율에 맞춰서 우리 계좌로 돈을 입금하는 방식이었다. 엔화의 역수출인 셈이다. 이것만으로도 달러 환전 못지않게 많은 수익을 올릴 수 있었다.

덕분에 우리 지점은 늘 큰 폭의 흑자를 기록했다. 당시 흑자가 3억 원 정도면 특급 지점에 속했는데, 우리 지점은 내가 오고 나서 일 년 만에 30억 원 이상을 벌었다. 내가 처음 약속했던 '10배 이상의 실적'을 거뜬히 넘긴 것은 물론이고, 은행 전체 주주들에게 우리 지점 한 곳에서 배당금을 모두 주고도 남을 정도였다.

하지만 예금 고객 확보는 여전히 어려운 문제였다. 공항 지점의 주된 업무는 환전이지만, 나는 은행의 기본 역할은 예금 고객을 확보하는 것으로 생각했다. 그래서 고민하며 주변을 살펴보니 공항 인근에 공군부대와 모 항공사 제조사업 본부가 있었다.

당시만 해도 ATM이나 CD기가 없던 때라 예금을 하려면 은행에 직접 와야 했다. 하지만 군인이나 항공사 직원들은 바깥출입이 쉽지 않았다. 철저한 보안 때문이다. 그래서 떠올린 것이 '찾아가는 은행'이었다. 여행사를 돌며 '찾아가는 환전 업무'를 했듯이 군부대나 항공사를 직접 찾아가 예금 업무를 하면 되겠다고 생각한 것이다.

그러나 쉽지 않았다. 군부대는 보안 때문에 은행원 출입이 불가능했다. 항공사 제조 사업 본부도 마찬가지였다. 하지만 포기하지 않고 보안 부대장을 만나 설득 작업에 들어갔다. '직원들이 월급을 효율적으로 관리하려면 은행에 예금하는 것이 필요한데 군인이나 직원들은 보안 문제 때문에 밖으로 나오기 힘들지 않느냐. 우리가 직접 와서 입출금 서비스를 하는 것이 국가적으로도, 직원 개개인에게도 훨씬 이익이 될 것이다'라며 설득에 설득을 거듭했다.

다행히 얼마 후 허가가 났고, 출장 수납을 전제로 월수금에는 공군 부대, 화목토에는 항공사 제조사업 본부를 찾아가 금융 서비스를 제공했다. 그 결과 우리 지점은 당시 전국 공항지점을 통틀어 1만 명이라는 가장 많은 급여 이체 고객을 확보할 수 있었다.

솔직히 나는 남들보다 머리가 좋은 편이 아니다. 상고 출신으로 가방끈도 짧다. 그럼에도 전무후무한 실적을 올릴 수 있었던 비결은 '새로운 신화를 만들자'는 목표 덕분이었다. 외환 업무 도전, 찾아가는 환전, 찾아가는 은행, 엔화의 역수출 등의 도전이 남들은 하지 못하는 일을 하게 했고, 그것을 해냈을 때의 기쁨과 보람이 또다시 나를 움직이는 동력이 된 것이다.

미국의 흑인 인권 운동가 마틴 루터 킹 목사는 이런 연설을 남겼다.

"어떤 사람이 청소부라면 그는 미켈란젤로가 그림을 그렸던 것처럼, 셰익스피어가 글을 썼던 것처럼, 베토벤이 곡을 만들었던 것처럼 그렇게 거리를 쓸어야 한다. 하늘과 땅을 지나는 모든 천사가 그 길에 모여서 '이 거리에 훌륭하게 자기 일을 하던 청소부가 살았다'고 칭찬할 정도가 되어야 한다."

어쩌면 주어진 환경이나 무슨 일을 하는지는 중요하지 않을지 모른다. 진정한 승자는 자신이 맡은 일을 최고의 걸작으로 만들 줄 아는 사람이기 때문이다.

배우고 배우고
또 배워라

김해공항지점에서의 높은 실적을 인정받아 나는 일본 야마구치 은행에 3개월 동안 해외연수를 가게 됐다. 전무후무한 실적에 그 당시 모든 은행원의 꿈인 해외연수 기회까지 얻으면서 나는 자신감이 넘쳐나고 있었다. 그런데 연수 전에 일본 은행 부산사무소에서 사전교육을 받던 중 일본인 소장이 툭 한마디를 던졌다.

"상업학교 출신도 해외연수를 갈 수 있나요?"

그의 말대로 당시에 상업학교 출신이 해외연수를 간 경우는 거의 드물었다. 그 사실을 알면서도 그의 질문에 기분이 몹시 나빴다. 한마디로 충격을 받은 것이다. 하지만 충격은 거기서 끝나지 않았.

당시 나는 시간을 쪼개서 금융연수원에서 하는 통신업무 연수 과정을 이수하고 있었는데, 해외연수 중에 틈틈이 공부하려고 책을 몇 권 들고 갔다. 그런데 같이 해외연수에 참여한 다른 은행 선배 상사가 공부하는 내 모습을 보더니 이렇게 말했다.

"차 대리, 당신은 그런 기본적인 것도 몰라? 아, 상업학교를 나왔으니 잘 모르겠네."

그 말을 듣고 나는 굳게 결심했다.

'죽어도 대학에 간다.'

대리 승진 심사가 있었을 때다. 실적도 괜찮은 편이었고 모든 부문에서 열심히 했기 때문에 나는 당연히 대리 승진에서 동기들보다 앞서 갈 줄 알았다. 그러나 현실은 그렇지가 못했다. 곰곰이 나 자신을 되돌아봤다. 나에게 부족한 것이 과연 무엇일까? 여러 가지가 머릿속을 스쳐 지나갔지만, 그중에서도 상업학교밖에 나오지 못한 보잘것없는 학벌이 가장 큰 걸림돌이라는 생각이 들었다.

실제로 대리 낙방 후에 절망하고 있던 나에게 한 선배는 이렇게 말했다.

"현실이 그런 걸 어쩌겠어. 너는 고졸이지만 저 친구는 야간대학이라도 나왔잖아."

그 순간 이런 생각이 들었다.

'아, 무조건 열심히 한다고 해서 다 되는 건 아니구나.'

입사 당시 나와 같은 상고 출신들은 유행처럼 방송통신대학에 다니고 있었다. 아무리 일을 열심히 하고 잘해도 알게 모르게 학력 차별이 있었기 때문에 이를 극복하기 위한 자구책으로 방송통신대학에 다니는 사람들이 많았던 것이다. 나 역시 대학에 다니고 싶다는 열망이 강했지만 일과 공부를 병행하면 어떻게든 직장에 폐를 끼치게 될 것 같았다. 그래서 애써 마음을 누르고 일에만 매진해왔는데, 현실에서는 대학 졸업장을 딴 사람이 먼저 승진했다.

더는 미룰 수 없었다. 나는 해외연수가 끝나자마자 곧장 인사부를 찾아갔다. 서울지점에 발령을 내달라고 부탁했다. 부산에는 찾는 사람들이 많아서 제대로 공부하기 어려울 것 같아서였다. 그리고 이왕 대학에 들어갈 거라면 서울에 있는 대학에 다녀야겠다고 생각했다. 하지만 서울지점 발령은 워낙 경쟁이 치열해서 처음에는 부정적인 반응이 돌아왔다. 그래도 나는 그동안의 실적을 열거하며 끈질기게 설득했고, 드디어 서울로 발령이 났다.

수학여행 때나 온 적이 있던 서울은 너무나 복잡했다. 출퇴근 때마다 버스를 두 번씩 갈아타고 시청까지 두 시간 동안 가는데, 차멀미로 얼마나 고생을 했는지 모른다. 나이 스물아홉에 이 무슨 고생인가 싶어 후회도 여러 번 했다.

하지만 되돌릴 수는 없었다. 대입 시험을 두 달 앞두고 아내와 아이들을 처가에 보낸 후 나는 달랑 이불 하나를 들고 은행 근처 독서실로 들어갔다. 날마다 코피가 터질 정도로 죽기 살기로 공부했다. 그냥 "대학에 가야겠다." 정도가 아니라 "무조건 대학에 가야 한다."는 절박한 심정으로 미친 듯이 공부에 매달렸다.

솔직히 믿는 구석이 있었다. 공항지점에 근무하면서 영어와 일본어를 공부해둔 덕택에 외국어는 자신이 있었던 것이다. 평소 좋아하는 과목인 국어도 평균 이상은 나올 것으로 생각했다. 나머지 암기 과목은 무조건 달달 외우고, 수학은 연필 굴리기를 하면 어떻게든 될 것 같았다. 시험을 봤는데 두 달간 공부한 것치고는 다행히 점수가 잘 나왔다. 그러나 낮에는 일을 해야 했기 때문에 야간 과정이 있는 세종대 경영학과에 입학했다.

스물아홉 나이에 들어간 대학은 낯설고 어려웠다. 전공 공부도 난해한 것투성이였다. 하지만 어렵게 들어간 대학을 허투루 다닐 수는 없었다. 나는 대입 시험을 준비할 때처럼 대학에 들어간 후에도 죽기 살기로 공부했다.

지하철을 타고 다니면서 전공 책을 읽었고, 출근한 후에도 사람들 눈을 피해서 화장실이나 금고 안 좁은 공간에서 공부를 계속했다. 저녁 10시에 수업이 끝나면 새벽 2~3시까지 일을 하거나 공부를 했고, 살짝 눈을 붙인 후 새벽 4시에 출근하는 날이 계속됐다. 출퇴근 시간이 아까워서 아예 수업이 끝나면 은행에 가서 밤새워 공부하는 날도 많았다. 새벽까지 은행에 불이 켜져 있어 파출소에서 출동하는 일도 있었다.

그렇게 주경야독을 밥 먹듯이 하다 보니 몸에 무리가 오는 것은 당연했다. 하지만 '죽어도 학교에서 죽겠다'는 각오로 몸이 아프면 누워서 공부했고, 회식이 끝나고 학교에 가던 길에 교통사고가 났을 때도 약국에서 대충 약을 사서 바르고 학교에 갔다. 한번은 신장결석에 걸렸는데 무리해서 학교에 가다가 길가에 쓰러진 적도 있었다. 그렇게 미친 듯이 공부한 결과 서른셋에 대학 졸업장을 손에 쥘 수 있었다.

그러나 여기서 멈출 수는 없었다. 대학 졸업장을 손에 넣어서 좋긴 했지만 다른 사람보다 앞서 가려면 그 이상이 필요했다. 나는 주저 없이 대학원에 들어갔다. 7대1의 경쟁률을 뚫고 고려대 경영대학원 MBA 과정에 합격했다.

그제야 내 자존심이 회복되는 소리가 희미하게 들렸다. 단순히 석사 학위를 받게 됐다는 것보다는, 이제야 학벌이 아니라 실력으로 당당히 인정받을 수 있게 됐다는 것이 너무나 기뻤던 것이다. 이후 훨씬 더 자신감 있게 일했음은 물론이다. 덕분에 은행이 퇴출당한 뒤에도 비교적 빨리 재취업에 성공할 수 있었고, 옮긴 직장마다 남들보다 승진에서 앞서 갈 수 있었다.

여기에서 그치지 않고 50을 넘긴 나이에도 계속 공부해서 박사학위를 받았고, 지금도 여러 대학에서 필요한 과정들을 이수하고 있다. 여하튼 배우는 일은 쉬어본 적이 없는 것 같다.

물론 일과 공부를 병행하느라 힘든 일도 많았고, 포기하고 싶은 순간도 더러 있었다. 그러나 끝까지 공부를 고집했던 것은 학벌에 대한 열등감 때문만은 아니다. 배움이 계속될수록 '빠르게 변화하고 있는 세상과 소통하기 위해서는 더 많이 배워야 한다'는 진리를 깨달았기 때문이다.

세상은 빛의 속도로 변화하고 있다. 일례로 30년 전에는 개인용 컴퓨터(PC)가 없었고, 20년 전에는 핸드폰이 없었다. 또 10년 전에는 구글이 없었고, 5년 전에는 스마트폰이 없었다. 지금은 필수품인 것들이 불과 5~10년 전에는 이 세상에 없던 것들이다. 또 앞으로 어떤 것들이 우리의 삶을 송두리째 바꿔놓을지 우리는 알지 못한다.

그래서 나는 끊임없이 배워야 한다고 생각한다. 때로는 남에게 뒤처지지 않기 위해서, 때로는 남보다 앞서 가기 위해서, 또 때로는 세상의 변화를 이끌기 위해서 우리는 자신을 끊임없이 변화시켜야 한다. 이 세상에서 유일하게 변하지 않는 것은 모든 것이 변화한다는 그 사실뿐이기 때문이다.

솔개는 마흔 살이 되면 신체 곳곳에서 죽음을 감지한다고 한다. 부리는 길게 자라 가슴에 닿을 정도로 구부러지고, 날개는 두꺼워진 깃털 때문에 무거워지며, 발톱도 사냥감을 낚아챌 수 없을 만큼 닳아버리기 때문이다. 이때 솔개는 일생일대의 선택과 직면한다.

'조용히 죽음을 받아들일 것인가, 아니면 죽음 같은 고통을 이겨내고 새 삶을 얻을 것인가.'

새로운 삶을 선택한 솔개는 반년에 걸쳐 매우 고통스러운 과정을 견뎌내야 한다. 피투성이가 될 때까지 부리를 바위에 쪼아 대고 새로운 부리가 돋아나기를 기다린다. 새로 돋은 부리로 노화된 발톱을 모두 뽑아내고, 발톱이 새로 돋아나면 날개의 깃털을 모두 뽑는다. 이렇게 살을 에는 고통을 모두 이겨낸 솔개만이 새로운 부리와 발톱과 깃털로 힘차게 하늘로 날아올라 30년의 수명을 더 누리게 되는 것이다.

우리의 인생도 마찬가지인 것 같다. 삶의 어느 순간이 되면 부리가 굽어지고 발톱은 무뎌지며 깃털이 무거워져서 제대로 날아오르지 못하는 때가 온다. 그때 스스로 부리와 발톱과 깃털을 뽑아내는 고통스러운 과정을 선택하는 사람만이 새로운 인생을 힘차게 살아갈 수 있다. 적극적인 변화를 선택하는 사람만이 세상의 변화를 즐기며 살아가게 되는 것이다.

진화론의 창시자 찰스 다윈은 이렇게 말했다.

"가장 센 종이 살아남는 것이 아니다. 가장 똑똑한 종이 살아남는 것도 아니다. 변화에 가장 잘 적응하는 종이 살아남는다."

현재의 자신에 만족하고 정지하면 어느 순간 퇴보한다. 변화는 실천이기 때문이다. 삶의 변화는 우연히 얻어지는 것이 아니라 열정과 노력을 통해 이루어진다. 도전하고 배우는 사람만이 변화를 즐기며 진화를 거듭할 수 있다. '가장 유능한 사람은 배움에 힘쓰는 사람'이라는 괴테의 말을 기억하자.

나만의 플러스 알파를 찾아라

대학원에 진학하면서 나는 학벌 콤플렉스는 어느 정도 극복했지만, 생각지도 못한 문제가 생겼다. 당시 내가 몸담고 있던 은행은 서울에 지점이 하나밖에 없었는데, 경쟁이 치열하다 보니 몇 년이 지나면 다시 지방 지점으로 내려가야 했다. 대학에 다니면서 한번은 어떻게 연장을 했지만 두 번은 어려웠다. 힘들게 들어간 대학원을 무사히 다니려면 특단의 조치가 필요했다.

때마침 동화은행이 새로 설립되면서 경력 직원을 모집한다는 공고가 났다. 나는 고민 끝에 지원서를 냈다. 지방은행에 대한 한계를 느끼던 때였고, 대학원 문제도 있으니 조금 더 목표를 높여서 시중은행에 도전해보자고 생각한 것이다.

그런데 벽이 너무 높았다. 당시 동화은행은 신설은행 중에서도 규모가 상당히 큰 편이었는데, 대우가 좋다 보니 조흥은행, 상업은행,

제일은행, 한일은행 등 기존 시중은행 출신들이 대거 지원서를 냈다. 경쟁률이 수백 대 일에 달할 정도였다. 그래도 다행히 신설은행이라 모집 인원이 많은 편이었고, 이전 은행에서의 실적과 과거에 모셨던 은행장님의 추천으로 가까스로 합격할 수 있었다. 문제는 그다음이었다.

막상 입사하고 보니 나보다 능력 있는 사람들이 너무 많았다. 공무원 출신에, 한국은행 출신도 있었으며, 경력직 대부분이 시중은행 출신이었다. 지방은행 출신이 거의 없다 보니 텃세가 심했다. 중요한 업무는 모두 시중은행 출신들이 차지하고, 나에게는 주변 업무만 주어졌다. 출근 첫날 모 부장님께서 지방은행 출신이라고 공개적으로 창피를 주는 바람에 직장을 옮긴 것을 후회하기도 했다.

처음 맡게 된 마케팅 업무도 괴롭기는 마찬가지였다. 한번은 상사를 따라 모 기관 임원의 집으로 사과 상자를 들고 갔다. 그런데 말 한마디 꺼내보지도 못하고 문전박대를 당했다. 그 임원은 '오지 말라고 했는데 왜 왔느냐'며 불같이 화를 냈다. 나는 처음 당하는 홀대에 속상했지만, 이왕 들고 왔으니 과일이라도 전하자는 생각에 살짝 열린 문틈으로 상자를 들이밀었다. 그러자 임원이 재빠르게 과일 상자를 밀어냈고, 그걸 내가 다시 밀었다. 그렇게 한동안 밀고 당기기가 이어졌다.

그러다 결국에는 사과 상자가 찢어지고 말았다. 아파트 복도에 수십 알의 사과가 쏟아져 나뒹굴었다. 그 사이 임원은 문을 쾅 닫고 들어가 버렸고, 복도에 덩그러니 남은 나와 상사는 쓸쓸히 바닥에 떨어진 사과를 주웠다.

    그날 집에 들어와 화장실 문을 걸어 잠그고 물을 틀어놓은 채 얼마나 눈물을 쏟았는지 모른다. '마케팅이라는 것이 정말 어려운 거구나', '이렇게 해서라도 먹고 살아야 하는 게 인생이구나'라는 생각에 눈물이 계속 쏟아졌다. 다행스럽게 얼마 후 거래가 성사되긴 했지만, 나는 그때 인생의 매운맛을 제대로 느낄 수 있었다.

    '만약에 다니던 은행에 계속 있었다면 이런 수모는 받지 않았을 텐데, 지방은행 출신이라고 무시당할 일도 없었을 텐데······.'

    시중은행으로의 이직을 선택한 것이 그렇게 후회스러울 수 없었다. 한동안 열등의식에 사로잡혀서 비관적인 생각을 하기도 했다. 그러나 여기서 포기할 수는 없었다. 뭔가 돌파구가 필요했다. 지방은행 출신이라는 한계를 극복하려면 다른 사람은 할 수 없는 나만의 플러스 알파가 필요하다고 생각했다. 그때부터 집이 아닌 독서실로 퇴근하며 업무 제안서를 만들기 시작했다. 어떻게 하면 더 효율적으로 업무를 개선할 수 있는지 다양한 아이디어를 짜낸 것이다. 부산은행 시절 같은 방법으로 '업무 제안 왕'에 올랐던 경험을 십분 발휘한 것이다.

    하지만 결과는 처참했다. 보고 단계에서 누락되거나 결제 단계에서 중도 탈락하는 경우가 많았다. 조직의 발전을 위해서는 윗사람들의 권한을 어느 정도 약화시키는 것이 필요한데, 중간 관리자들이 윗분들에게 잘 보이고 싶은 마음에 좋은 아이디어인데도 채택하지 않은 것이다.

    다시 머리를 짜기 시작했다. 그러다 동화은행에 오기 직전에 부산은행 서울지점에서 근무했던 때가 떠올랐다. 당시 내가 맡은 업무는 각종 금융 관련 정보를 수집하고 분석해서 부산 본점에 전달하는 일이었다. 때때로 행장님이나 임원분들이 서울에 올라오시면 별도의 고급 정보를 보고하기도 했다. 그러면서 내가 배운 것은 일반 행원이 아닌 행장 눈높이에서 필요한 정보를 수집하고 분석하는 방법이었다.

동화은행도 사정은 다르지 않을 것이라고 생각했고 나는 정보 수집에 집중했다. 이른 새벽마다 정보가 가장 빠르다는 증권사나 관련 기관을 돌면서 정보를 수집했다.

당시 S그룹이 7시에 출근하고 4시에 퇴근하는 '7·4제'를 시행하고 있었다. 매일 오전 6시 30분에 S그룹사에 출근해 눈도장을 찍었다. 직원들 사이에 껴서 함께 커피를 마시면서 이야기를 나누기도 하고, 사내방송을 귀동냥하며 작은 정보라도 얻기 위해 귀를 쫑긋 세웠다. 그러다 오전 7시에 직원들이 모두 건물 안으로 들어가면 다른 기업으로 자리를 옮겨 같은 방법으로 마케팅도 하고 정보를 구하곤 했다. 그렇게 여러 개의 기업을 모두 돌고 은행에 출근해도 아직 다른 직원들이 출근하기 전이었다. 늦은 저녁에는 공무원이나 전문가들에게 밥을 사며 경쟁 은행이나 정부의 금융정책 동향을 파악했다. 그렇게 부지런을 떨며 정보 수집에 매달렸다.

정보에는 크게 두 가지가 있다고 생각한다. 하나는 모두가 다 아는 가공된 정보인 인포메이션(information)이고, 다른 하나는 남들이 모르는 가공되기 전의 정보인 인텔리전스(intelligence)이다. 가공되지 않은 정보를 먼저 알면 힘이 된다. 문제가 생겼을 때 미리 알고 대처할 수 있기 때문이다.

그래서 나는 인텔리전스를 얻기 위해 부지런히 발품을 팔며 사람들을 만났고, 없는 돈을 털어서 밥과 차를 샀다. 모든 정보는 사람을 통해서 나온다고 생각했기 때문이다. 그렇게 밤낮으로 모은 정보를 분석하고 정리해서 일부는 보고서 형태로 제출하고, 일부는 '이런 얘기가 있더라'는 식으로 구두 보고를 올렸다.

그러자 반응이 달라졌다. 업무 제안서를 냈을 때는 윗분들의 눈치를 보며 거부감을 가지던 상사들이 정보 보고에는 눈을 반짝이며 앞다퉈서 윗분들에게 보고했던 것이다.

이렇게 한다고 해서 예전처럼 '업무 제안 왕'이 되거나 눈에 보이는 실적이 생긴 것은 아니었다. 하지만 적어도 '지방은행 출신'이라는 주홍글씨를 지우기에는 충분했다. '유익한 정보는 차문현을 통해서 나온다'는 공식 아닌 공식이 생긴 것이다. 덕분에 상사들의 총애를 한 몸에 받을 수 있었다.

가장 큰 소득은 정보를 수집하는 과정에서 한국 경제를 움직이는 전문가들을 많이 알게 됐다는 것이다. 처음에는 예금이나 대출 등 은행에서 일어나는 각종 편의를 돌봐주고, 그들에게서 정보를 전해 듣는 식으로 친분을 쌓아갔다. 그러다 나중에는 정기적인 모임을 가지면서 개인적인 교류를 하는 수준에 이르렀다. 당시 주기적으로 만남을 이어간 전문가들이 100여 명에 달할 정도였다.

그러자 은행 내에서 나의 위치도 달라지기 시작했다. 정치·경제적으로 유능한 엘리트들을 많이 알다 보니 본사에서 어려운 일이 생길 때마다 나를 찾았다. 덕분에 나는 지방은행 출신 중에서 유일하게 본사의 핵심부서, 그것도 내가 원하는 부서만 골라서 일하는 행운을 누릴 수 있었다. '정보'와 '사람'이라는 나만의 플러스 알파를 찾은 결과였다.

나는 인사(人事)는 인사권자가 아니라 자신이 하는 것이라고 생각한다. 다른 말로 하면 '쓰임새가 많은 사람'이 되어야 한다는 것이다. 쓰임새가 적은 사람은 남에게 선택받기를 기다리지만, 쓰임새가 많은 사람은 자신이 원하는 것을 선택할 수 있기 때문이다.

쓰임새는 우연히 생기는 것이 아니다. 5년, 10년 후를 내다보고 필요한 능력을 얻기 위해 미리 준비해야 한다. 미래를 위해 시간과 돈과 노력을 투자해야 한다. 분명한 사실 중 하나는 미래는 먼 것 같지만 어느 순간 갑작스럽게 다가오기 마련이다.

이탈리아의 화가이자 건축가이며 르네상스 3대 거장 중 한 명으로 꼽히는 라파엘로가 성당의 천장화를 그리고 있을 때다. 갑자기 그가 딛고 있던 사다리가 휘청거렸다. 그 모습을 지켜보던 왕이 재상에게 말했다.

"이보게, 저 사다리 좀 잡아주게."

재상이 불평하며 말했다.

"일국의 재상인 제가 저런 환쟁이의 사다리를 잡아주는 것이 말이 됩니까?"

그러자 왕은 이렇게 말했다.

"저자의 목이 부러지면 저 그림을 그릴 사람은 이 세상 어디에도 없네. 그러나 자네의 목이 부러져도 재상을 할 사람은 줄을 서 있다네."

남들과의 경쟁에서 이기면 넘버원(Number One)이 될 수 있다. 그러나 계속 넘버원의 자리를 유지하려면 끊임없이 노력해야 한다. 수많은 사람이 넘버원을 따라잡기 위해 치열한 싸움을 벌이기 때문이다. 조금만 실수해도 언제든지 넘버 투, 넘버 쓰리로 뒤처질 수 있다.

하지만 오로지 나만이 할 수 있는 온리원(Only One)이 되면 누구로도 대체될 수 없다. 나만이 할 수 있는 특별함이 나를 유일한 존재로 만들어주는 것이다.

이어령 선생이 쓴 책 『젊음의 탄생』에는 이런 말이 나온다.

"같은 방향으로 달려야 하는 좁은 골목에서는 오직 선두에 선 자만이 우승자가 됩니다. 잘해야 금·은·동 메달리스트만이 승리자의 시상대에 설 수 있습니다. 하지만 하늘처럼 열린 공간에서는 모두가 각자 원하는 방향으로 날 수 있습니다. 360명이 360도의 다른 방향으로 달리면 360명 모두가 일등이 될 수 있지요. 그것이야말로 '넘버원'이 아니라 '온리원'의 독창성을 확증하는 경주입니다."

나만의 플러스 알파를 찾는 것은 나만이 할 수 있는 'Only One'의 독창성을 갖는 일이다. 남과 다른 탁월한 성공을 원한다면 'Number One'이 아니라 'Only One'이 되어야 한다.

새벽 3시, 나는 달린다

보통 군대에 들어가면 근무기간 동안 썩는다는 말을 많이 한다. 반은 맞고 반은 틀린 말이다. 썩는 것은 맞지만 무의미하게 썩는 것은 아니다. 잎이 떨어져 썩으면 거름이 되듯이, 군 생활 동안 '잘 썩으면' 내 인생의 자양분이 되기 때문이다.

눈이 오는 날 새벽에 보초를 서는 날이면 다른 동료는 툴툴대기 일쑤였다. 졸린 데 잠도 못 자고 배가 고픈데 먹지도 못하면서 밤새도록 추위에 벌벌 떨며 보초를 서야 하기 때문이다.

그러나 나는 '지금이 아니면 내가 언제 아무도 없는 밤중에 하얀 달빛 아래에서 개울물 소리를 들으며 생각을 정리하고 나의 미래를 그릴 수 있을까'라고 생각했다. 군대에서 얼차려를 받거나 고된 훈련을 받을 때도 '그래, 이번 기회에 내 인내심의 한계가 어디까지인지 시험해보자'고 생각했다. 나름대로 생각의 전환을 꾀한 것이다.

하루는 훈련을 받는데 선임들이 '향도할 사람 나와'라고 했다. 1개 분대 40명을 이끄는 일종의 대장 역할을 하는 건데, 이상하게도 아무도 손을 들지 않았다. 그래서 내가 하겠다고 했다. 선임 분대장이 되면 폼도 나고 재미있을 것 같았다. 그런데 그게 아니었다.

부대원 중의 한 명이라도 구령을 잘못하거나 뒤로 처지면 향도가 대신해서 매를 맞았다. 선임들은 심심하면 나를 불러서 '구령 소리가 작다, 발이 안 맞는다, 씩씩하지 못하다'며 기합을 줬다. 때리면 맞는 것이 향도의 역할이라는 것을 나중에야 안 것이다. 잘못한 것도 없는데 매를 맞으니 억울했다. 뒤늦은 후회가 밀려왔다. 하지만 얻은 것도 있었다.

'잘못한 사람도 벌을 받지만, 그 사람을 이끄는 책임자도 벌을 받는다. 그것이 리더의 역할이다.'

모든 것이 생각하기 나름인 것 같다. 새벽 보초를 '미래를 구상할 수 있는 시간'이라고 생각하면 덜 힘들다. 기합이나 훈련을 '인내심을 시험할 기회'라고 생각하면 고통이 줄어든다. 이유 없이 맞을 때에도 '돈 주고도 살 수 없는 삶의 교훈을 얻고 있다'고 생각하면 억울한 마음이 사라진다. 긍정적인 생각으로 자기 최면을 걸면 순간의 고통을 이겨내는 힘이 생기는 것이다.

나는 이것을 '감동의 자가발전'이라고 부른다. 감동(感動)은 크게 느껴 마음이 움직이는 것을 말한다. 마음이 움직이면 몸을 움직이게 되고, 몸이 움직이면 현실을 바꿀 용기가 생긴다. 한마디로 감동하면 고통과 위기를 이겨낼 힘이 생기는 것이다.

그러나 감동은 저절로 생기지 않는다. 스스로 감동 받고자 하는 사람만이 감동할 수 있다. 자기 최면으로 삶의 순간마다 감동을 만들어 내는 사람만이 삶의 기적을 만날 수 있는 것이다.

동화은행에서 차장이 된 지 3년 만에 선배들을 제치고 지점장으로 고속 승진을 했을 때, 나는 앞으로 화려한 인생을 살게 될 줄 알았다. 그럴 만했다. 1995년 도산로 지점에 초대 지점장으로 가서 일 년 만에 3,000억 원의 예금을 유치해 대통령 표창을 받았다. 이후 테헤란로 지점장으로 자리를 옮긴 후에도 전국 최대 점포로 키워냈다. 그러나 그 모든 업적이 한순간에 물거품처럼 사라졌다. 1998년 6월 정부에서 은행 구조조정을 위해 동화은행을 비롯한 5개 시중은행을 모두 퇴출한다고 발표한 것이다.

당시 은행 몇 곳이 문을 닫는다는 얘기는 있었지만, 동화은행은 아니라는 의견이 지배적이었다. 그래서 안심하고 있었는데 하루아침에 실업자가 되고 말았다. 엎친 데 덮친 격으로 당시 다른 은행에 다니던 동생까지 한날한시에 직장을 잃었다.

가만히 있을 수는 없었다. 퇴출 발표 당일에 함께 일하던 직원들과 밤늦게까지 은행 문을 지켰다. 그렇게 해서라도 퇴출을 막고 싶었던 것이다. 하지만 돌이킬 수 없는 일이라는 것을 모두 알고 있었다.

그날 새벽 직원들을 데리고 신사동 해장국집에서 늦은 저녁을 먹었다. 그러나 누구도 해장국 맛을 느끼지 못했다. 해장국을 입에 넣는다는 게 얼이 빠져서 옷 위에 흘린 탓에 하얀색 와이셔츠가 붉은 해장국 국물로 뒤범벅이 된 일을 지금도 잊지 못하고 있다. 그때는 뜨겁다는 것도 느끼지 못했다. 모든 것이 끝났다고 생각했기 때문이다.

일부 사람들은 내가 지점장까지 지냈으니 당장은 경제적으로 문제가 없을 거라고 생각했던 모양이다. 하지만 그것은 빛 좋은 개살구에 불과했다.

당시 직장을 잃고 나에게 남은 것은 우리사주 대출금과 직원 빚보증을 포함해 2억 원에 달하는 빚뿐이었다. 피땀 흘려 마련한 집을 헐값에 처분하고 빚을 갚았더니 수중에는 2000만 원만 달랑 남았다. 그 돈으로 겨우 살던 집에 전세를 얻었는데, 앞으로 먹고살 길이 막막했다. 어쩔 수 없이 중고생이던 아이들은 학원을 그만뒀고, 살림만 하던 아내가 나를 대신해 생활비를 벌고자 아르바이트를 시작했다. 새벽 4시에 빵집에 출근해서 빵을 만들고, 오후에는 부동산중개소에 나가 업무 보조로 일했다.

나는 답답한 마음에 서울 명동성당 앞에서 직원들과 함께 농성을 벌였지만, 사태가 해결될 기미는 보이지 않았다. 이웃들 보기가 민망해서 늦은 저녁에 집에 들어가면 아내는 걱정스러운 시선으로 나를 바라봤고, 아이들은 말없이 힘없는 발걸음으로 방으로 들어갔다. 아이들의 뒷모습을 보자 너무나 가슴이 시리고 저렸다.

그때 처음으로 신을 원망해봤다. 잘못이라고는 열심히 일한 것밖에 없는데 신은 왜 나에게 이런 시련을 줄까, 절망하고 좌절했다. 내가 할 수 있는 것이 아무것도 없다는 사실이 나를 더욱 미치게 했다.

순간적으로 자살을 떠올렸다. 보험증서를 몇 번이고 들었다 놓곤 했다. 건물 옥상으로 올라가 은행 퇴출 반대 시위가 한창인 명동거리

한복판으로 뛰어내릴까 하는 생각도 했다. 그렇게 하면 하루아침에 직장을 잃고 거리로 나앉은 저 많은 사람을 구할 수 있지 않을까 하는 생각이 들었던 것이다. 그러나 어느 것도 답은 아니었다.

그러던 어느 날 잠이 안 와서 뒤척이다가 새벽에 저절로 눈이 떠졌다. 가만히 눈만 껌벅이고 있자니 숨이 막힐 것 같았다. 한강에 나가 무작정 뛰기 시작했다. 그런데 한참을 뛰다 보니 묘한 경쟁심이 생겼다. 지금까지 경쟁에서 져본 적이 거의 없었던 터라 지금 내 앞에서 뛰고 있는 저 사람보다 더 빨리 뛰어야겠다는 생각이 든 것이다.

하지만 쉽지 않았다. 나이 드신 분들은 금세 따라잡겠는데 젊은 사람들은 거리가 잘 좁혀지지 않았다. 온몸에 비지땀이 흐를 정도로 악을 쓰고 뛰었다. 그렇게 한참을 뛰었더니 어느 순간 내가 맨 앞에서 뛰고 있었다. 순간 이겼다는 생각에 묘한 쾌감을 느꼈다.

다음 날에도 같은 시간인 새벽 5시에 한강으로 나갔다. 그런데 나보다 먼저 나와서 뛰고 있는 사람들이 제법 많았다. 왠지 기분이 우울했다. 경쟁에 졌다는 생각에 분한 마음이 들었다. 생각해 보니 학창시절에도 그랬던 것 같다. 성적은 탁월하지 못해도 등교만은 항상 일등이었다. 이른 아침 아무도 없는 교실 문을 열고 들어갈 때마다 얼마나 기분이 좋았는지 모른다. 그저 남들보다 빨리 등교했을 뿐이지만 '다른 사람들을 이겼다'고 생각하며 자기 최면을 걸었던 모양이다.

그때 맛본 희열을 다시 느껴보고 싶었다. 그래서 다음 날에는 새벽 4시에 나갔고, 그 다음 날에는 새벽 3시에 나갔다. 그제야 혼자 뛰고 있는 나를 발견했고, 나보다 늦게 나와 내 뒤에서 뛰고 있는 사람들을 볼 수 있었다. 그 순간 나는 이렇게 생각했다.

'남들이 모두 잠을 자고 있을 때 나는 깨어있구나. 나는 다른 사람보다 부지런하고 남들보다 시간을 더 벌었으니 좀 더 유리한 위치에서 출발할 수 있겠지. 지금 당장은 직장도 잃고 힘들지만, 반드시 길을 찾을 수 있을 거야.'

군대 시절 새벽 보초를 '미래를 위한 시간'이라고 생각했던 것처럼, 실직 기간이 '더 큰 성공을 위한 기회'가 될 것이라고 자기 최면을 건 것이다. 그 결과 나는 실직 기간을 긍정의 힘으로 견딜 수 있었고, 한 달 만에 기적적으로 새로운 직장을 구할 수 있었다.

정호승 시인은 한 칼럼에서 이렇게 말했다.

"새들은 바람이 가장 강하게 부는 날 집을 짓는다. 강한 바람에도 견딜 수 있는 튼튼한 집을 짓기 위해서다. 태풍이 불어와도 나뭇가지가 꺾였으면 꺾였지, 새들의 집이 부서지지 않는 것은 바로 그런 까닭이다. 바람이 강하게 부는 날 지은 집은 강한 바람에도 무너지지 않지만, 바람이 불지 않은 날 지은 집은 약한 바람에도 허물어져 버린다."

인생도 마찬가지인 것 같다. 시련 없이 평온하게 살아온 사람은 작은 고통에도 쉽게 좌절하고 무너진다. 그러나 수많은 시련을 이겨낸 사람은 더 큰 위기가 찾아와도 그것을 거뜬히 이겨낸다. 시련은 사람을 강하고 위대하게 만들기 때문이다.

그래서 감동의 자가발전이 필요한 것이다. 긍정의 자기 최면으로 순간의 감동을 만들어낼 때 우리는 시련을 이겨낼 힘을 얻을 수 있다. 자신에게 스스로 감동할 수 있도록 노력한 사람만이 다른 사람에게 감동을 주는 성공 신화를 만들 수 있다.

한여름 밤의
잠복근무

자산운용사 대표가 된 후 단골손님처럼 받는 질문이 있다.

"은행원 출신으로 증권사를 거쳐 현재 자산운용사 대표를 하고 계신 데요, 흔히들 은행원 출신은 증권업이나 자산운용에 맞지 않는다고 얘기하거든요. 어떻게 생각하세요?"

그럴 때마다 나는 이런 답변을 내놓는다.

"말씀하신 대로 자산운용 쪽에는 은행원 출신 CEO가 거의 없습니다. 하지만 저는 그것이 오히려 더 강점이 될 수 있다고 생각합니다. 은행원 출신은 돈 관리에 대해 보수적입니다. 다시 말하면 리스크 관리에 더 철저하다는 겁니다. 자산운용처럼 변동성이 큰 분야에서는 리스크 관리 능력이 무엇보다 중요합니다. 남에게 없는 경험이 저에게는 더 큰 자산이 되고 있는 거지요."

사고(思考)에는 두 가지 종류가 있다고 한다. 불행과 결점에 초점을 맞추는 '장애적 사고'와 기회와 가능성에 초점을 맞추는 '기회적 사고'다. 결점과 단점에 집착하면 장점마저 놓치는 오류를 범하게 된다. 그러나 단점을 기회로 생각하면 새로운 가능성의 문이 열린다. 그래서 기회적 사고를 하는 사람만이 위기를 기회로 바꿀 수 있다.

제일투자신탁증권(현 하이투자증권)에서 법인 영업을 맡을 때였다. 은행 퇴출 후 비교적 빠른 시기에 다시 직장을 구한 것은 더없이 기쁜 일이었지만, 내가 처한 상황은 여러 가지로 좋지 않았다.

당시 5개 은행이 동시에 퇴출당하면서 수많은 은행원이 한꺼번에 구직 시장으로 쏟아져 나왔다. 다른 은행이나 증권사 등에서는 다시 없는 기회였을 것이다. 실력 있는 인재들을 골라서 뽑으면서 급여는 적게 줄 수 있었기 때문이다. 실제로 많은 은행원이 자기 능력보다 훨씬 낮은 평가를 받고 직장을 옮겨야 했다.

나 역시 예외가 아니었다. 은행에서 지점장까지 지냈지만, 투신 업무에 대해서는 잘 모른다는 이유로 경력을 80%밖에 인정받지 못했다. 출근하고 보니 나와 경력이 비슷하거나 나보다 낮은 사람들이 모두 윗자리를 차지하고 있었다. 이런저런 상황 탓에 주눅이 들어 답답하고 힘들었다.

그 정도는 약과였다. 나를 가장 힘들게 한 것은 텃세였다. 출근 첫날 마케팅 대상 기업 명단을 주는데, 기존 사람들이 몇 번이나 시도했다가 실패한 기관과 기업만 골라서 줬다. 당시에는 외환위기 때문에 경제 상황도 안 좋은 때여서 거의 맨땅에 헤딩하는 수준이었다.

은행이라면 방법이 있었다. 그때는 대출을 받고 싶어 하는 사람이 많았으니까 대출을 해주면서 예금상품을 권유할 수 있었다. 그러나 투자신탁은 대출 업무가 없어서 순수하게 투자만 받아야 했다. 무기 없이 전쟁터에 나가는 꼴이었다.

하지만 못할 게 없었다. '죽겠다는 용기라면 무엇이든 못하겠냐'는 각오로 하루 12시간 넘게 영업을 뛰었다. 다른 사람들은 근무 시간에만 영업을 했는데, 나는 출근 전 오전 7시에 기업 재무담당 임원과 정부기관을 찾아갔다. 저녁 시간에도 기업이나 기관 임원의 집 앞으로 찾아가 퇴근하길 기다렸다가 한마디라도 나누고 돌아왔다. 한 번이라도 얼굴을 더 내비치고, 설득하기 위해서다.

한번은 모 기관에서 자금 배정이 있다는 정보를 듣고 만남을 청했다. 물론 단번에 거절당했다. 당시 내가 몸담고 있던 제일투자신탁증권은 부산에 본사를 두고 있었는데, 지방 투신이라 거래 대상이 안 된다는 것이 이유였다. 하지만 그래도 꼭 설득하고 싶어서 동료 직원과 함께 빵과 우유로 대충 저녁을 때우고 그분 집 앞에서 무작정 기다렸다. 그런데 두 시간이 지나도 나타나지 않았다. 알아보니 다른 모임 때문에 늦어진다는 것이었다.

여름이어서 덥기도 했고, 앞으로 몇 시간은 더 걸릴 터여서 주변 여관에 방을 구했다. 남자 둘이 여관에 들어가니까 주인이 이상한 시선을 보냈지만 무시하고 일단 방으로 들어갔다. 그리고 마치 형사들이 잠복근무하듯이 교대로 한 명은 씻고 나머지 한 명은 창문으로 그분 집 앞을 주시했다.

드디어 자정이 넘은 시간에 비틀거리는 걸음으로 그분이 나타났다. 재빨리 뛰어나가 용기를 내서 인사를 드리고 10분 정도만 시간을 달라고 했다. 그는 당황하며 불처럼 화를 내더니 주거침입죄로 고발하겠다고 우리를 윽박질렀다. 그러나 늦은 밤까지 집 앞에서 기다린 우리가 측은했는지, 기다린 노력을 봐서 근처 포장마차에서 잠시 이야기를 들어주겠다고 했다.

나는 소주 한잔을 기울이며 이야기를 쏟아냈다. 우선 은행에서 퇴출당한 이야기를 간략히 한 후 이런저런 일들을 겪었고 이번에 꼭 자금을 유치해야 하는 이유를 설명했다. 또 지방 투신이긴 하지만 이런저런 부분에서 다른 곳보다 경쟁력이 있으니 믿고 맡겨 달라고 간곡하게 설득했다. 하지만 그는 퉁명스런 반응을 보일 뿐이었다. 사정은 이해하지만 불가능한 일이라며 거절의 뜻을 분명히 밝혔다. 그래도 나는 포기하지 않고 거의 매일 그분을 찾아갔다.

지성이면 감천이라고 했던가. 절대 안 될 것 같았는데 매일 정성을 쏟으니 결국 그분에게서 긍정의 답변이 돌아왔다. 단번에 대규모 자금을 유치하게 된 것이다. 그것을 시작으로 상승세가 계속 이어져 지방 투신의 한계에도 불구하고 정부기관과 연기금, 금융기관 등 70개 기관의 자금을 신규로 유치할 수 있었다. 입사 후 3년간 유치한 수탁액만 3조 원에 달할 정도였다.

그 결과 나는 선배들을 모두 제치고 가장 먼저 이사로 승진했고, 증권업계에서 '영업통'으로 소문이 나면서 우리증권을 비롯해 여러 회사에서 스카우트 제안을 받았다. 덕분에 승진은 물론이고 연봉도 몇 배로 뛰었다.

그때 나는 '인생 역전'이라는 말의 의미를 비로소 체감할 수 있었다. 얼마 전까지만 해도 갑작스러운 실직으로 당장 끼니 걱정에 눈앞이 캄캄했는데, 단 3년 만에 억대 연봉을 받는 사람으로 변신했기 때문이다.

위기와 기회는 동전의 양면과 같다. 때로는 눈앞에 펼쳐진 위기 때문에 좌절하고 절망하기도 하지만, 그 위기가 현재 상황을 완전히 뒤바꾸는 기회가 되기도 한다. 위기의 진짜 의미는 '위험한 고비'가 아니라 '위험한 기회'인 것이다.

2010년 5월 청운의 꿈을 안고 우리자산운용에 왔지만, 내게 주어진 환경은 위기 그 자체였다. 2008년 금융위기 이후 몇몇 파생상품이 큰 손실을 보면서 각종 소송에 휘말린 상태였고, 판매사 창구 분쟁 등으로 직원들의 사기도 바닥까지 떨어져 있었다.

나는 고민 끝에 자산운용사 분위기상 힘들긴 하지만 국토 대장정 행사를 추진했다. 6개월 동안 모든 임직원이 릴레이로 700km를 걷는 대장정이었는데, 예상대로 직원들의 반발에 부딪혔다. 걷는다고 뭐가 달라지느냐, 회사를 살리려면 일을 더 열심히 해야지 무슨 국토 대장정이냐는 등의 부정적인 반응만 돌아왔다.

하지만 내 생각은 달랐다. 위기에서 탈출하려면 외형적인 성장도 물론 중요하지만 지속적인 성장을 위해서는 눈에 보이는 단기간의 실적보다 직원들의 강한 의지가 더 중요했다고 생각했다. 지금의 위기를 위험이 아닌 더 큰 성장과 발전의 기회로 생각하는 '기회적 사고'로의 전환이 절실했던 것이다.

생각의 전환을 위해서는 뭔가 특별한 계기가 필요하다. 때로는 백 마디 말보다 한 번의 경험이 더 큰 힘을 발휘하는 법이다. 이것이 내가 국토 대장정을 선택한 이유였다.

우리는 6개월 동안 걷고 또 걸었다. 많은 사람의 우려대로 눈에 보이는 성과는 없었다. 그러나 국토 대장정을 완주하자 변화들이 생겨나기 시작했다. 직원들이 직접 만든 국토 대장정 수기집인 『모래알에서 찰흙으로』를 읽으며 나는 그 증거들을 다시금 찾을 수 있었다.

"반드시 시간을 내서 전 직원이 국토 대장정을 완주해야 했던 까닭은 하나였다. 우리의 미래가 곧 회사의 미래이기 때문이다. 그것을 50km를 다 걷고 나서야 깨달을 수 있었다."(한○○ 기관영업 2팀 사원)

"힘들 땐 잠깐 길가에 앉아 쉬었다 가곤 했다. 점점 무거워져 걷기 힘든 다리, 좀 쉬었다 일어나면 다시 걸을 힘을 얻곤 했다. 살아가는 동안 포기한 수많은 크고 작은 일들, 힘들 땐 잠시 쉬었다 다시 시작했다면 끝까지 갈 수 있지 않았을까. 승리는 가장 끈기 있게 노력하는 사람에게 간다고 한다. 아무리 훌륭한 두뇌와 아이디어를 가지고 있어도 어려움이 닥쳤을 때 중간에 포기해 버린다면 어떤 것도 이룰 수 없다. 행군의 끝을 맞으며 끈기를 가지는 것, 포기하지 않고 가는 것의 중요함을 다시 한 번 되새겨 본다."(송○○ 마케팅전략팀 과장)

이어령 선생은 책 『그래도 바람개비는 돈다』에서 이렇게 말했다.

"기회가 오지 않는다고, 환경이 그렇지 않다고, 시운이 없다고 스스로 한탄하고 주저앉아 있는 사람들에게 나는 바람개비 하나를 선물하고 싶습니다. 이 세상에서 누구도 바람을 본 사람은 없습니다.

그러나 바람개비가 돌아갈 때 우리는 바람의 힘과 몸짓과 그 색깔을 볼 수 있습니다. 바람이 불지 않을 때는 기다리지 말고 스스로 뛰어 그 바람개비를 돌립시다. 그러면 진정한 우리들의 시대가 옵니다."

바람이 불지 않으면 바람개비는 돌지 않는다. 하지만 바람개비를 붙잡고 힘차게 달리면 바람개비는 세차게 돌아간다. 위기 앞에 절망하면 현실은 바뀌지 않는다. 그러나 위기를 기회로 생각하고 힘차게 달리면 새로운 기회가 열린다. 스스로 뛰어서 바람을 만들어내는 사람만이 위기를 기회로 바꾸는 놀라운 기적을 만날 수 있다.

성공 자산 둘, 사람
사람을 얻어야 성공을 얻는다

Power of Positive Thinking

지는 것이 이기는 것이다

종종 모임이 있을 때마다 즐겨 하는 건배사가 있다.

"성공하기 위해서는 네 가지 방법이 있다고 합니다. 당당하게 살고, 신 나게 살고, 멋지게 살고, 져주며 사는 것입니다. 우리 모두 성공하는 사람이 되자는 뜻에서 첫마디를 다 함께 외쳐봤으면 좋겠습니다. 제가 '당신'이라고 외치면 모두 함께 '멋져'라고 외쳐주시기 바랍니다. 당신 멋져!"

나는 이 네 가지 중에서도 '져주자'라는 말을 가장 좋아한다. 져주며 사는 삶이야말로 가장 당당하고 가장 신 나고 가장 멋지게 사는 것이라고 생각하기 때문이다.

나는 어릴 때부터 유독 다투는 것을 싫어했다. 친구들과 싸움이 붙을 것 같으면 늘 지는 쪽을 택했다. 싸우기도 전에 '내가 졌다'고 말했다. 한번 싸움이 붙으면 무조건 이겨야 했지만, 누가 먼저 나를 때

성공 자산 둘, 사람

리지 않는 한 절대 내가 먼저 다른 사람을 때린 적은 없었다. 이기고 싶은 마음이 강하면서도 다른 사람에게 피해를 주는 것이 싫었던 것이다.

2005년 우리증권에서 일할 때다. 그룹에 새로운 경영진이 들어서면서 다른 증권회사와 합병이 이뤄졌다. 합병으로 회사 규모가 커지면서 그룹 차원에서 경영 효율화를 위해 대대적인 구조조정이 단행됐다. 그 때문에 증권사 임원 10여 명이 한꺼번에 회사를 떠났다.

나는 운 좋게도 혼자 살아남아 합병 증권사의 임원으로 남게 됐다. 그러나 마냥 좋아할 수만은 없었다. 살아남은 후 맡게 된 첫 임무가 나와 동고동락하던 직원들을 내 손으로 정리해야 하는 일이었기 때문이다.

한동안 갈등이 계속됐다. 임원 자리를 유지하려면 직원들을 해고시켜야 했다. 그러나 외환위기 시절 은행이 갑자기 퇴출당하면서 누구보다 실직의 아픔을 절감했던 내가 함께 일하던 동료를 거리로 내몰 수는 없었다. 그 고통을 차마 내 손으로 안겨줄 수는 없었던 것이다. 윗분들에게 여러 차례 이런 내 뜻을 전했지만 한번 정해진 방침을 철회할 수는 없다는 답변만 돌아왔다.

장고 끝에 사표를 던졌다. 물론 내가 사라진다고 해서 구조조정을 막을 수 있는 것은 아니었다. 하지만 나의 결정으로 단 한 명이라도 자리를 지킬 수 있다면, 조금이라도 위안을 받는 직원이 있다면 그것으로 충분하다고 생각했다. 직원들을 해고하면서 내 자리를 지키는 것보다는 차라리 내 자리를 던지고 물러나는 것이 나에게는 더 자연스러운 결정이었다.

그로부터 5년이란 시간이 흐른 후 우리금융그룹에서 자산운용사 CEO 공모를 했다. 나는 명예회복을 하고 싶었다. 그런 나의 간절한 바람이 통했는지 자산운용사 CEO로 다시 우리금융그룹에 영광스러운 복귀를 하게 됐다. 그때 나는 중요한 깨달음을 얻었다.

'지는 것이 이기는 것이다.'

진다는 것이 무조건적인 패배를 의미하는 것은 아니다. 지는 것과 져주는 것은 다르다. '지는 것이 이기는 것이다'라는 말에는 '이길 수 있지만 져준다'는 의미가 숨어 있다. 이길 수 있음에도 지는 쪽을 택하면 나중에 더 크게 이길 수 있다는 의미가 담겨 있는 것이다.

미국의 작가 시드니 J. 해리스는 이기는 사람과 지는 사람에 대해 이렇게 표현했다.

"이기는 사람은 실수했을 때 '내가 잘못했다'고 말하지만,

지는 사람은 '너 때문에 이렇게 됐다'고 말한다.

이기는 사람은 어린아이에게도 사과하지만,

지는 사람은 지혜 있는 사람에게도 고개를 숙이지 않는다.

이기는 사람은 지는 것을 두려워하지 않지만,

지는 사람은 이기고도 염려한다.

이기는 사람은 과정을 위해 살고,

지는 사람은 결과를 위해 산다."

이겨서 능력을 뽐내고 싶은 사람은 실수를 인정하기가 쉽지 않다. 실수를 인정하는 순간 능력을 의심받을까 봐 두렵기 때문이다. 남들

위에 올라서고 싶은 사람은 지혜로운 사람과 가까워지기가 어렵다. 그들 역시 싸워서 이겨야 할 대상 중 하나에 불과하기 때문이다.

그래서 이기고 싶다는 마음이 강한 사람일수록 이길 확률이 점점 줄어든다. 자신의 단점을 고칠 여유가 없어 계속 같은 실수를 반복하게 되고, 주변에 지혜로운 사람이 없으니까 더 나은 선택을 할 기회가 없어지기 때문이다. 결국 이기려고 할수록 지는 삶을 살게 되는 것이다.

하지만 지는 쪽을 택하면 상황은 180도 달라진다. 잘못이 없어도 미안하다고 말하니까 상대방이 마음을 열고 내 편이 된다. 알면서도 모른다고 하니까 주변에 지혜로운 사람들이 모여든다. 지는 것을 두려워하지 않으니까 더 많은 성공의 기회를 발견한다. 지려고 할수록 사람과 성공을 얻으면서 이기는 삶을 살게 되는 것이다.

혜민 스님은 책 『멈추면, 비로소 보이는 것들』에서 이렇게 말했다.

"진정한 고수는 상대가 나를 이겼다고 생각하게 만들면서 실제로는 자신이 원하는 것을 다 얻습니다. 상대방의 기분이 좋아져서 내가 원하는 것을 다 들어주면 실제로는 내가 다 이긴 것입니다."

전 세계 축구 스타들이 뛰고 있는 프리미어 리그에서 그 누구보다 자신이 돋보이길 원하는 것은 당연하다. 그러나 박지성 선수는 맨유에 입단한 이후 자신이 넣을 수 있는 골조차 다른 선수에게 넘겨줬다. 이런 박지성 선수가 많은 골을 넣게 된 것은 갑자기 실력이 늘었기 때문이 아니다. 그동안 많은 어시스트로 함께 뛰는 동료에게 신뢰를 받은 덕분이다. 지는 것이 더 크게 이기는 방법임을 그는 알고 있었던 것이다.

랜스 암스트롱은 세계에서 가장 유명한 사이클 대회인 '투르 드 프랑스'에서 1999년부터 2005년까지 7년 연속 우승을 차지한 사람이다. 한때 암에 걸려 선수 생활이 중단될 위기에 처했지만, 불굴의 의지로 암을 극복하고 다시 정상에 올라 많은 사람에게 감동을 안겨주었다. 하지만 2003년 대회의 진정한 우승자는 따로 있었다. 바로 2위를 차지한 얀 울리히 선수다.

당시 줄곧 선두를 달리던 암스트롱이 구경을 나온 어린아이를 피하다가 넘어지는 사고가 발생했다. 뒤따르던 울리히에게는 절호의 기회였다. 그대로 페달을 밟기만 하면 우승을 차지할 수 있었기 때문이다. 암스트롱에게 밀려 5년 내내 2위에 머물렀던 설움을 한 번에 날려버릴 수 있는 기회였다.

하지만 그는 모두의 예상을 깨고 자전거를 멈춰 세웠다. 그리고 암스트롱이 일어나기를 기다렸다가 그가 출발한 뒤에야 페달을 밟았다. 그 결과 울리히는 불과 61초의 차이로 6년 연속 2위를 기록했다.

대회가 끝난 후 사람들이 그에게 페달을 멈춘 이유를 물었다. 그러자 그는 이렇게 답했다.

"나는 타인의 실수로 우승하고 싶지 않았다. 오직 내 실력으로 우승하고 싶었다. 사고로 우승자가 결정된다는 것은 부끄러운 일이다. 이것이 내가 페달을 멈춘 이유이다."

누군가에게는 얀 울리히 선수의 선택이 바보처럼 느껴질지 모른다. 어렵게 찾아온 우승의 기회를 자기 발로 걷어찬 꼴이기 때문이다. 하지만 그 선택으로 그는 만년 2위라는 불명예에도 불구하고 지금까지도 많은 사람에게 '아름다운 선수'로 불리고 있다. 주저 없이 지는 것을 선택한 그의 용기가 사람들에게 우승보다 더 값진 감동을 줬기 때문이다.

   사람은 누구나 이기기를 원한다. 지는 것을 좋아하는 사람은 없다. 그래서 때로는 지는 것에 더 큰 용기가 필요한 것 같다. 이길 수 있어도 져주는 선택을 할 때 우리는 더 많은 사람과 더 큰 성공을 얻을 수 있기 때문이다. 지고자 하는 사람을 이길 수 있는 사람은 아무도 없다.

'Take'보다 'Give'가 먼저다

동화은행 본사에서 일할 때다. 1990년대 초반에 본사는 물론 전국 지점에서 신용카드 신규 고객 모집 캠페인이 대대적으로 진행됐다. 전 직원에게 목표량을 정해주고 그 이상을 모집할 때마다 성과급을 지급하는 방식이었다.

그런데 이 일이 쉽지가 않았다. 당시만 해도 신용카드가 활성화되기 전이어서 선뜻 가입하겠다는 사람이 많지 않았다. 가족이나 친척은 물론이고 아는 사람들을 총동원해도 정해진 목표량을 채우기가 어려웠다. 모두가 발을 동동 구르며 마감 날짜만 세고 있었다.

그때 내가 구원투수로 나섰다. 아는 분을 찾아가 공공기관 건물 로비에서 신용카드 모집 캠페인을 할 수 있게 해달라고 부탁한 것이다. 어렵게 허락을 받아내고 직원 몇 명과 며칠 동안 모집 활동을 벌였다. 덕분에 나를 포함해 여러 개 부서의 직원들이 목표량 이상의 신규 고객을 확보할 수 있었다.

이후 많은 사람이 나에게 비결을 물어 왔다. 고위직 임원도 아니고 차장 신분으로 어떻게 그렇게 능력 있는 사람과 친분 관계가 있느냐는 물음이었다. 그때마다 나의 대답은 한결같았다.

"미리 투자하라."

모든 은행원의 꿈은 하나다. 지점장이 되는 것이다. 나 역시 예외가 아니었다. 다만 다른 점이 있다면 많은 사람이 막연히 지점장을 꿈꿀 때, 나는 '10년 후 지점장'을 목표로 구체적인 준비를 했다는 것이다. 그중 하나가 바로 많은 전문가를 사귀는 것이었다.

내가 나중에 지점장이 되면 그들도 더욱 영향력 있는 사람이 되어 있을 테니 좋은 관계를 유지하면 미래에 중요한 고객이 될 것이라고 생각한 것이다. 대한민국은 전문가들이 움직이는 사회니까 이들을 많이 알아두면 어떤 식으로든 도움이 될 거라고 판단했다.

때마침 당시 내가 다니던 은행 정문과 모 기관의 후문이 서로 마주보고 있었다. 나는 속으로 신이 나에게 최고의 기회를 주셨다고 생각했다. 물리적인 거리가 가까우면 그만큼 만날 기회가 더 많을 것이기 때문이다. 그런데 막상 그들을 만날 방법이 없었다. 보통은 학교 동문을 통해 그 기관의 직원들과 인맥을 트는데, 나는 상업학교를 나온 데다 대학도 나이 서른에 야간을 다닌 탓에 인맥이 없었다.

그래서 직접 부딪치기로 결정했다. 그 기관의 조직도를 구해서 살펴보니 C과장이 가장 많은 사람을 알 것 같아 수소문해서 집 주소를 알아냈다. 그때부터 매일 새벽 산에 올라가 약수를 떠서 그분 집 앞에 놓고 나왔다. 그리고 6개월쯤 지났을까. 어느 날 물을 두고 나오다가 인기척이 느껴져서 뒤를 돌아보니 그분이 서 있었다.

"도대체 누가 매일 아침 물을 갖다 놓는지 궁금해서 기다리고 있었어요."

"불편하셨다면 죄송합니다. 집에 어르신이 계신 것 같아 아침 약수라도 드리면 건강관리에 도움이 되실 것 같아서……."

그러자 그는 호탕하게 웃더니 먼저 악수를 청했다. 그때부터 우리는 가끔 만나 식사를 하면서 많은 이야기를 나눴고, 자연스럽게 절친한 사이가 됐다. 이후 종종 업무적으로 도움을 받곤 했는데, 신용카드 모집도 그분을 통해서 해결할 수 있었다.

가장 큰 소득은 그분을 통해 많은 사람을 소개받을 수 있었다는 점이다. 그 기관의 직원들은 물론이고 금융계나 관련 기업의 유력 인사들과도 친분을 쌓을 수 있었다. 당시 내가 함께 밥을 먹은 사람만 수백 명에 달할 정도였다.

만나는 사람들이 많아지자 시간이 턱없이 부족했다. 그래서 출근 전 이른 아침에도 만나고, 점심시간이나 퇴근 후 늦은 저녁에도 만났으며 주말에도 만났다. 하루도 빠짐없이 잠자는 시간을 줄여가며 사람들을 만났다. 덕분에 당시 유력 인사들 사이에서 '가장 성실하고 부지런한 사람'이라는 말을 듣기도 했다. 그렇게 많은 사람을 만나면서 깨달은 것이 하나 있다. 열심히 일하는 사람일수록 정보와 지식의 가치를 높게 평가한다는 것이다.

나는 사람들을 만날 때마다 그들에게 무엇을 줄 수 있을까를 항상 고민했다. 그래서 정보가 필요한 사람에게는 정보를, 금융 지식이 필요한 사람에게는 지식을 미리 준비했다. 예금이나 대출 등 은행 업무와 관련해 도움을 주기도 하고, 그에게 필요한 정보를 알고 있는 사람을 연결시켜주기도 했다. 그 과정에서 나 역시 필요한 정보를 많이 얻을 수 있었다.

그렇게 오랫동안 서로 정보를 주고받다 보니 신뢰가 생기기 시작했다. 필요할 때만 만나는 형식적인 관계가 아니라, 함께 성장하고 발전하는 동료 사이가 된 것이다. 이렇게 만들어진 네트워크는 내 인생 최대의 자산이 됐다.

1995년 동화은행에서 강남 도산로에 신설 지점을 열었다. 지점장을 공모하는데 누구도 가려고 하지 않았다. 신설 지점은 손익분기점을 넘기지 못하면 그대로 '아웃'되는 경우가 많아 모두가 꺼렸던 것이다. 특히 도산로 지점은 강남 중심에 있는 탓에 임차보증금이 턱없이 비쌌고, 직원도 평균 10명보다 3배나 많은 30명에 달했다. 단기간에 실적을 올리기엔 부담이 큰 조건이었다.

하지만 나는 자신 있었다. 예습을 잘하는 학생이 공부를 더 잘하듯이, 이미 10년 전부터 지점장을 목표로 필요한 준비를 해왔기 때문이다. 그런 자신감으로 지점장에 지원했고, 동시에 동기들보다 2년이나 빨리 지점장이 될 수 있었다.

물론 불안한 마음도 있었다. 주위에서도 '금방 손들고 나올 것이다'라는 반응이 대부분이었다. 하지만 그럴수록 굳게 마음을 다잡았다. '좋은 기회가 왔으니 잘 살려보자', '나는 다른 사람보다 더 준비하고 노력했으니 잘할 수 있을 거야'라고 스스로 격려했다.

다행히도 내 예상은 틀리지 않았다. 지점장 첫날 수신고 500억 원을 기록한 것을 시작으로, 두 달 만에 2,000억 원을 달성했으며 석 달 만에 손익분기점을 가뿐히 돌파했다. 일 년 만에 3,000억 원의 예금을 유치해 대통령 표창을 받기도 했다.

당시 모든 은행이 거래하고 싶어 했던 P사, H사, H사 등 강남의 빅 3 기업과의 거래도 유치했다. 이들 기업은 자금 규모가 큰 만큼 다른 은행과의 경쟁이 치열했는데, 후발 주자였던 탓에 경쟁에서 뒤처질 수밖에 없었다. 그런데 때마침 이들 기업에서 대규모의 자금이 필요했고, 다른 은행들이 우왕좌왕하는 사이에 미리 준비해둔 자금으로 이들 기업과 거래를 맺을 수 있었다. 당시 H사와는 1조 원에 달하는 거래를 성사시켜 금액 면에서도 큰 성과를 기록했다.

그 결과 대출, 외환, 카드 등 전 부문에서 최단기간에 동화은행 점포 중 가장 잘 나가는 영업점으로 성장시켰다. 우리 지점에서 너무 많은 실적을 기록하면 다른 지점에 피해가 갈까 봐 본사 영업부로 실적을 넘긴 경우도 한두 번이 아니었다. 강남에서 가장 큰 영업점인 테헤란로 지점으로 옮긴 후에도 실적 성장은 계속 이어졌다. 그 덕분에 해마다 인사철이 되면 내가 일하는 지점에서 같이 근무하려고 하는 직원들이 많았다.

이토록 단기간에 화려한 실적을 기록할 수 있었던 이유는 하나다. 사람 재산이 많았기 때문이다. 내 주변에는 나의 성공을 돕는 사람들이 많았던 것이다.

미국의 경영 컨설턴트인 존 팀펄리는 『파워 인맥』이라는 저서에서 이렇게 말했다.

"내 꿈을 가장 빠르고 효과적으로 이루는 길은 내게 도움을 줄 수 있는 사람과 연결 기반을 마련하는 것이다. 이제는 무엇을 아느냐(Know What)가 아니라 누구를 아느냐(Know Who)가 더욱 중요한 시대다."

실제로 한 조사에서 직장인들에게 '사회에서 성공하기 위해 가장 필요한 지수'를 물었더니 공존지수(NQ, Network Quotient)가 1위를 차지했다고 한다. 과거에는 지능지수(IQ)나 감성지수(EQ)가 높은 사람이 돈도 벌고 출세도 했지만, 21세기에는 사람들과 관계를 잘 형성하고 상생하는 능력을 갖춘 사람이 성공할 수 있다는 것이다.

네트워크 능력은 단순히 많은 사람을 안다고 해서 생기는 것이 아니다. 신뢰가 바탕이 되지 않고서는 100명을 알고 지내도 그냥 아는 사이에 지나지 않는다.

NQ의 가장 중요한 본질은 사람을 만날 때 'Take'보다 'Give'를 먼저 생각하는 것이다. '저 사람이 나에게 어떤 도움이 될 것인가'를 생각하기 전에 '내가 어떤 도움을 줘야 저 사람이 잘 될 수 있을까'를 먼저 고민해야 비로소 진정한 관계를 맺을 수 있다.

'로마는 하루아침에 이루어지지 않았다'는 말이 있다. 인간관계도 마찬가지인 것 같다. 좋은 사람들과 좋은 관계를 오랫동안 유지하기 위해서는 그만큼 부단한 노력과 많은 시간이 필요하다. 그러나 잊지 말아야 할 것이 있다. 서로의 성공을 돕는 신뢰의 관계는 먼저 주는 마음에서 시작된다는 것이다. 바라지 말고 먼저 주는 것, 그것이 바로 공존지수를 높이는 첫걸음이다.

죽을 때까지
밥을 사라

　은행에 입사해 3년이 지나고 강원도 전방 사단에서 군 복무를 할 때다. 군대 생활이 편할 거라고 생각하지는 않았다. 하지만 하루가 멀다 하고 계속되는 고된 훈련과 밤낮없이 이어지는 야간 경계근무 때문에 하루가 일 년처럼 느껴지던 나날이었다.

　다른 장병들은 월급날이 되면 부대 밖 매점에서 빵이나 과자를 사 먹으며 그동안의 스트레스를 풀었지만 나는 이마저도 쉽지 않았다. 얼마 안 되는 월급이라도 집에 보내야 하는 형편이었기 때문에 과자 한 봉지도 편히 사 먹기가 어려웠던 것이다.

　그런데 어느 날부터 한 달에 한 번 우표가 들어있는 편지가 오기 시작했다. 군대에서는 우표가 돈 대신으로 사용되는데, 후방에 근무하던 친구가 내 사정을 알고 자기 월급을 쪼개서 우표를 보내온 것이다.

당시 장병 사이에선 '뽀빠이'라는 손바닥 크기의 라면 튀김 과자가 큰 인기였다. 다른 장병들이 그 과자를 우두둑 씹을 때마다 옆에서 얼마나 군침을 삼켰는지 모른다. 그래서 나는 친구에게 우표를 받자마자 영외 매점으로 달려가 라면과자를 샀다. 한주먹밖에 안 되는 양이었지만 한꺼번에 먹기 아까워서 주머니에 넣어놓고 배가 고플 때마다 꺼내 먹었다. 혹시나 고참들에게 걸리면 뺏길까 봐 눈을 쓸거나 땅을 팔 때 몰래 한 조각을 입속에 넣고 씹기도 했다.

나는 지금도 그때 입안에 맴돌던 그 뽀빠이의 단맛을 잊을 수가 없다. 맛도 맛이지만, 우표를 보내주었던 그 친구의 마음이 고스란히 느껴지기 때문이다. 내가 먹은 것은 과자 한 봉지가 아니라 친구의 우정이었던 것이다.

하루는 야간 경계근무를 마치고 꽁꽁 언 몸을 녹이기 위해 서둘러 침낭 안으로 들어갔다. 허기진 상태에서 오랫동안 밖에 서 있어서 그랬는지 그날따라 등을 대기가 무섭게 곯아떨어졌다. 그런데 갑자기 침낭 밖으로 익숙한 목소리가 들려왔다.

"차 일병 자냐? 배고플 때 먹어라."

그러더니 불쑥 침낭 사이로 빵 한 봉지가 들어왔다. 나보다 3개월 먼저 들어온 선임이 자기가 먹을 것을 아껴뒀다가 챙겨준 것이다. 그 때 나는 이렇게 다짐했다.

"평생 이 빵 맛을 잊지 말자. 내가 받은 것만큼 사람들에게 베풀면서 살자."

시간이 흘러 선임이 된 어느 날 문제 사병 한 명이 들어왔다. 원래

전과가 있으면 군 면제이지만, 당시에는 가끔 전과가 있어도 군대에 들어오는 경우가 있었다. 순식간에 그 친구가 전과자라는 소문이 퍼졌고 인상까지 험상궂게 생겨서 다들 가까이하길 꺼렸다.

그러던 어느 날 이 친구가 대형 사고를 쳤다. 누군가 교대근무를 위해 한밤중에 그를 흔들어 깨웠는데 그것이 못마땅했는지 갑자기 내무반에서 장병들 신발에 소변을 본 것이다. 내무반장은 장병 관리를 어떻게 하는 거냐며 내무실 장병 전원을 운동장으로 소집해 동이 틀 때까지 단체 기합을 줬고, 아닌 밤중에 홍두깨로 갑자기 기합을 받게 된 장병들은 화가 나 그 친구를 전봇대에 매달았다.

일은 거기서 끝나지 않았다. 그 친구에게 이틀 내내 밥도 물도 주지 않았고, 오가는 사람마다 때리고 욕을 퍼부었다. 저대로 두면 죽을 수도 있겠다는 생각이 들었다. 보다 못한 나는 인사계 선임 하사를 찾아가 이렇게 말했다.

"무작정 때린다고 사람이 갑자기 바뀌겠습니까? 마침 저 친구와 동향이니까 제가 어떻게든 인간으로 만들어보겠습니다. 한 번만 믿고 맡겨 주십시오."

선임들에게 받은 것만큼 나도 누군가를 위해 베풀어야 한다고 생각하던 차에 그 대상을 찾은 것이다. 까다로운 상대이긴 하지만 동향이기도 하고 사회생활 경험이 있으니 어쩌면 말이 통할 수 있겠다는 생각이 들었다.

마침 다음날이 일요일이어서 빵과 사이다를 사 들고 그 친구와 아무도 없는 계곡에 올라갔다. 부모님은 뭐하시느는지, 형제는 몇이나 되는지 등의 가정생활부터 시작해서 군대는 어떻게 해서 오게 됐느냐, 빨간 줄이 그어져 있는데 어쩌다 그런 거냐와 같은 민감한 질문을 던지기도 했다. 들어보니 어릴 때부터 고아원에서 자랐고, 그곳에서 나온 후에도 어렵게 생활했다고 한다. 먼 친척이 있었지만, 자신을 외면하니까 세상이 싫어져서 사람을 때리게 됐고, 그 때문에 감옥에도 다녀왔다고 했다.

그 정도까지는 아니지만 나 역시 중학교 때 아버지의 사업 실패로 집이 빚더미에 앉게 되면서 남모르는 고통을 겪었기 때문에 전부는 아닐지라도 그의 마음을 조금은 이해할 수 있을 것 같았다. 그래서 나는 이렇게 말했다.

"네가 제대할 때까지 모든 걸 책임지고 보살펴줄 테니까 이제부터 형이라고 불러. 무슨 일이 있으면 언제든지 나를 찾아오고."

내 말이 끝나기가 무섭게 그가 울음을 터뜨렸다. 어쩌면 그는 지금까지 누구에게도 따뜻한 말을 들어본 적이 없을지도 모른다는 생각이 들었다. 눈물을 흘리는 그를 보자 나도 눈물이 나왔다. 어쩌면 나 역시 다른 사람들에게 따뜻한 말을 해주는데 인색했던 것이 아닐까 하는 생각이 들었던 것이다.

부대장과 의논하여 그는 본 부대와 멀리 떨어진 산꼭대기 통신 중계소로 파견을 가게 됐다. 나는 걱정스러운 마음에 시간이 날 때마다 중계소로 그를 만나러 갔는데, 그는 내 걱정과 달리 한결 밝아진 표정으로 나를 맞아줬다. 직접 밥을 해주기도 하고, 산에서 땄다면서 머루나 더덕 등을 챙겨주기도 했다. 완전히 다른 사람이 된 것이다.

군대에서 보낸 3년은 나에게 무척이나 힘들고 고통스러운 시간이었다. 하지만 그 덕분에 돈을 주고도 사지 못할 소중한 깨달음을 얻었다. 극한 상황에서의 배려가 얼마나 큰 힘이 되는지를 느꼈고, 나의 작은 배려가 상대에게는 큰 변화의 시작이 될 수도 있다는 것도 깨달았다. 아무것도 아닌 빵 한 봉지가 누군가에게는 고통을 이겨내는 힘이 되고, 따뜻한 말 한마디가 또 누군가에게는 세상을 살아가는 용기가 될 수 있다는 '배려의 힘'을 배운 것이다.

그래서 나는 지금도 기회가 될 때마다 나보다 어려운 사람들에게 밥을 산다. 사소한 일일지 모르지만, 군대 시절 친구가 보낸 우표 한 장이 나에게 큰 힘이 되었듯이 내가 오늘 베푼 밥 한 끼가 누군가에게 힘과 용기가 됐으면 하는 마음으로 밥을 산다. 바라지 않고 베푸는 마음이 배려의 시작이라고 생각하기 때문이다.

비록 월급쟁이이긴 하지만 대표 자리에 오른 이후부터는 내가 가진 작은 힘을 이용해 어려운 사람을 돕는데 앞장서려고 노력하고 있다. 유리자산운용에 있을 당시 기업의 사회공헌활동으로 매년 1억 원씩 저소득 계층을 위한 기부활동을 벌였고, 임원들을 설득해 대학에 장학금을 기부하기도 했다.

우리자산운용으로 자리를 옮긴 후에도 농촌 지역에 부족한 일손을 돕는 1사1촌 자매결연 활동, 사랑의 집짓기, 아름다운 가게 일손 돕기, 사랑의 김치 담그기, 지리산 둘레길 환경보호 봉사활동 등 다양한 분야에서 사회봉사 활동을 벌이고 있다. 2010년에는 기초생활수급자와 장애인 등 저소득 서민에게 펀드 보수를 할인해주는 공익형

'디딤돌 펀드'를 만들어 운용 중이다. 작은 힘이나마 사람들에게 도움이 되길 바라는 마음에서 시작한 일이다.

배려에 관한 유명한 일화가 있다. 인도의 어느 역에서 사람을 가득 태운 기차가 떠나려고 하는 순간, 한 청년이 헐레벌떡 뛰어왔다. 간신히 기차에 타긴 했는데 정신을 차리고 보니 신발 한 짝이 벗겨져 있었다. 사람들은 안쓰럽다는 듯이 그 청년을 바라보며 이렇게 말했다.

"안 됐구려. 새 신발 같아 보이는데."

가난한 인도에서 신발은 비싸고 귀한 물건이었다. 하지만 청년은 남은 신발 한 짝을 마저 벗더니 기차 밖으로 던져버렸다. 사람들이 깜짝 놀라 물었다.

"아니, 그 아까운 걸 왜 던져 버리는 거요?"

그러자 청년이 말했다.

"신발은 한 짝만 있으면 아무 소용이 없잖아요. 어차피 못 신을 거라면 누군가가 그걸 줍게 하는 게 나을 것 같아서요. 그럼 그 사람은 신발 두 짝을 모두 신을 수 있을 테니까요."

이 청년이 바로 인도의 민족운동 지도자이자 비폭력 무저항의 평화 정신으로 인도의 독립을 이끈 간디이다. 떨어진 신발 한 짝을 아까워하는 대신 누군가를 위해 나머지 신발 한 짝마저 벗어주는 마음, 보답을 바라지 않고 알지 못하는 누군가를 위해 내 것을 아낌없이 베푸는 마음, 그것이 바로 진정한 배려임을 그는 몸소 보여준 것이다.

한상복 작가가 쓴 『배려』라는 책에는 이런 대화가 나온다.

"저는 경쟁력이 없는 것인지 내공이 부족한 것인지 되는 일이 없어요. 계속 손해만 본다는 느낌이거든요. 너무 억울하다는 생각이 들어요."

"가치 판단 기준이 서로 다를 테지만 말이야. 어쨌든 주는 사람 입장에서는 아깝기만 한 그 부분, 다시 말해 손해 보는 것 같은 그 가치는 어디로 간 것일까? 받은 사람이 독식하는 걸까? 그 가치는 받은 사람이 혼자 누리는 게 아니야. 고스란히 쌓이지. 그런 다음 다시 돌아오게 되어 있어. 돌아올 때는 다른 것으로 바뀌지. 만족이나 보람일 수도 있고 찬사나 존경일 수도 있어. 돈으로 바꿀 수 없는 가치일 때가 많아. 하지만 배려는 처음부터 그런 걸 노리고 하는 게 아니야. 원하는 것을 충실하게 주다 보면 그 대가가 돌아오거든. 성공은 그렇게 이뤄지는 것이라고."

어쩌면 남을 배려한다는 것은 용기가 필요한 일일지 모른다. 하나를 주면 하나를 받는 것이 당연한 'Give and Take' 사회에서 받는 것 없이 주기만 하는 것은 쉬운 일이 아니다. 하지만 바라지 않고 남을 위해 베풀면 눈에 보이지는 않지만 얻게 되는 것이 있다. 주변 사람들이 나를 믿어주는 마음과 나의 성공을 바라는 마음이 하나둘 모여서 혼자서는 결코 이룰 수 없는 성공이 나에게로 돌아오는 것이다.

그룹 부활의 리더 김태원은 책 『우연에서 기적으로』에서 이렇게 말했다.

중학교 때부터 시작된 테마입니다. 아버지가 내게 항상 주장하신 것, 늘 강조했던 개념은 하나밖에 없습니다.

"네가 할 수 있는 능력 내에서 밥을 사던지 무엇인가 주도록 해라."

그럼 내가 그랬죠.

"아버지, 걔는 내가 밥을 사줘도 고마운 걸 모르고, 만날 얻어먹으려고만 해요. 얄미워서 못 사주겠는데요."

그때 아버지는 말씀하십니다.

"그래? 그러면 방법이 있다. 또 밥을 사라."

더 결정적인 건 그 뒤의 얘기입니다.

"세 번째도 네 번째도 사라. 어쩌면 영원히 사라."

아버지의 말씀은 아마도 세월이 더 흘러야만 알 수 있는 그 어떤 것인가 봅니다. 수도 없이 베풀면서, 베풀었다는 것에 오만하지 않을 수 있는 경지. 주면서도 받는 이의 자존심을 위로해야 한다고.

"죽을 때까지 밥을 사라."

내 철학이고 내 아버지의 철학입니다.

오늘부터 내 주변 사람들에게 밥을 사자. 보답을 바라는 마음이 사라질 때까지, 내가 밥을 샀다는 것마저 잊어버릴 수준이 될 때까지, 마치 도를 닦는 심정으로 밥을 사보자. 주변 사람들을 배려하고 존중하는 마음으로 평생 밥을 사겠다고 다짐해보자. 죽을 때까지 밥을 사겠다고 마음먹는 것, 그것이 사람의 마음을 얻는 배려의 시작이다.

누구도
적으로 만들지 마라

"적이 많나요? 그렇다면 남 흉보는 버릇부터 고치세요. 그리고 자신을 낮추고 겸손해지세요. 적을 만들지 않는 자가 적들을 다 싸워이길 힘을 가진 자보다 훨씬 대단합니다."

혜민 스님이 쓴 책 『멈추면, 비로소 보이는 것들』을 읽다가 이 글을 발견한 순간 나도 모르게 무릎을 쳤다. 이토록 짧은 문장 속에 성공의 원칙이 모두 담겨 있어서이다.

성공은 인간관계에 달려 있다고 해도 과언이 아니다. 아무리 실력이 뛰어나도 주변에 나의 성공을 방해하는 사람들이 많다면 결코 성공을 장담할 수 없다. 그래서 세상의 많은 사람을 내 편으로 만들수록 성공에 가까워질 수 있다. 많은 사람이 인맥관리에 적지 않은 공을 들이는 것은 바로 이 때문이다. 사람들을 내 편으로 만드는 방법을 조언하는 책들도 쏟아지고 있다.

하지만 나는 '좋은 인맥'보다 '좋은 인연'이 더 중요하다고 생각한다. 백 사람을 사귀는 것보다 단 한 사람의 적도 만들지 않는 것이 더 확실한 성공 방법이기 때문이다.

몇 년 전에 삼성경제연구소가 CEO 413명을 대상으로 '오늘의 내가 있기까지 가장 힘이 되어준 습관'을 사자성어로 물어본 적이 있다. 1위로 꼽힌 사자성어는 '순망치한(脣亡齒寒)'이었다. 입술이 없으면 이가 시리다는 뜻으로, 한 명이라도 나를 반대하는 적이 있으면 반드시 문제가 생긴다는 의미를 담고 있다.

조직이 무너지는 것은 단 3%의 반대자 때문이라는 말이 있다. 97%가 모두 찬성하고 지지해도 나머지 3%가 반대하고 부정적인 말들을 쏟아내면 그것이 알게 모르게 영향을 미쳐 전체 일의 성패를 좌우할 수도 있다는 것이다. 미국의 대표적 영화 제작사인 골드윈 픽처스를 창업한 새뮤얼 골드윈은 "인생의 기술 중 90%는 내가 싫어하는 사람과 잘 지내는 방법에 관한 것"이라고 말한 바 있다. 한마디로 성공의 90%는 적을 만들지 않는 방법에 달려 있다는 것이다. 그렇다면 누구도 적으로 만들지 않는 방법은 무엇일까?

한 가지 방법은 상대의 단점보다 장점을 보려고 노력하는 것이다. 상대의 단점만 보면 비판하게 되고, 비판하면 적을 만들기 쉽다. 비판하는 말은 상대에게 수치심과 모욕감을 불러일으킬 수 있기 때문이다.

중국 속담에 '차가운 차와 차가운 밥은 참을 수 있으나 차가운 말은 도저히 참기 어렵다'는 말이 있다. 때로는 무심코 던진 말 한마디가 상대에게 돌이킬 수 없는 상처가 되기도 한다. 반대로 칭찬은 단

한마디로 천 냥 빚을 갚는 기적을 낳기도 한다. 상대의 단점 대신 장점을 보게 되면 자연스럽게 칭찬의 말이 나오게 되고, 그것이 긍정적인 에너지를 만들어서 사람들을 내 편으로 만들 수 있는 것이다.

사마천의 사기를 보면 '사위지기자사 여위열기자용(士爲知己者死 女爲悅己者容)'이라는 말이 나온다. 선비는 자신의 인격을 알고 존중해주는 사람을 위해서 목숨을 바치고, 여자는 자신을 기쁘게 해주는 사람을 위해서 얼굴을 가꾼다는 뜻이다.

사람은 자신을 알아주는 사람에게 마음을 주기 마련이다. 알아준다는 것은 인정받고 존중받는 것을 의미한다. 수많은 사람이 그토록 성공을 원하는 이유도 어쩌면 더 많은 사람에게 인정이나 존중을 받고 싶다는 욕구에서 비롯된 것일 테다.

칭찬이 중요한 것은 그래서이다. 나는 누군가를 알아주는 마음을 표현하는 방법 중 하나가 칭찬이라고 생각한다. 『톰 소여의 모험』을 쓴 미국 소설가 마크 트웨인은 "나는 한 가지 칭찬으로 두 달을 살아갈 수 있다."고 말한 바 있다. 내 칭찬 한마디가 누군가에게는 삶을 긍정적으로 이끌어가는 에너지가 될 수 있다는 의미이다.

얼마전 『365 Thank You』라는 책이 인기가 있었다. 망해가는 로펌의 변호사였던 존 크랠릭이 삶을 포기하고 싶었던 최악의 상황에서 벗어날 수 있었던 비결을 소개한 책인데, 그의 이야기를 읽으며 감사의 표현이 얼마나 대단한 힘을 가지고 있는가를 새삼 깨달을 수 있었다.

존 크랠릭은 LA의 대법원 판사를 지낸 잘 나가는 변호사였다. 하지만 2007년 어느 날 그가 일하던 변호사사무소는 부도 위기를 맞게 되고, 설상가상 결혼 생활도 파경을 맞는다. 자녀와의 사이가 점점 멀어지고 은행 계좌까지 텅 비게 되자 그는 극심한 우울증을 앓게 된다. 그 순간 그는 어린 시절 할아버지가 해주신 말씀을 떠올린다.

"네가 가지고 있는 것들에게 감사하는 법을 배울 때까지 네가 원하는 것을 얻지 못할 것이다."

그때부터 그는 '감사편지 프로젝트'를 시작한다. 사랑하는 사람이나 직장 동료, 가족, 대학 친구, 우연히 만난 가게 점원, 적대적 관계에 있는 사람에게까지 하루에 한 명씩 매일 손수 쓴 편지로 감사의 마음을 전한 것이다. 그렇게 365번째 감사편지 쓰기를 마쳤을 때에는 그의 인생이 완전히 달라져 있었다.

말로는 하기 어려웠던 솔직한 마음을 글로 전하자 자녀들이 마음을 열면서 친구 같은 관계가 됐고, 직장 동료는 물론이고 적대적 관계에 있던 사람들과도 마음을 나누는 사이가 되면서 비즈니스는 성공을 거듭했다. 그는 단지 주변 사람들에게 편지로 감사의 마음을 전했을 뿐인데 그 효과는 금전적인 이득부터 내적인 평화에 이르기까지 즉각적이고 다양한 변화로 돌아온 것이다.

톰 피터스는 그의 저서 『리틀 빅 씽』에서 '지속 가능한 성공을 안겨줄 핵심 비즈니스 전략' 중 하나로 '감사'를 꼽았다.

"하루에 몇 번이라도 '감사합니다'라고 말하라. 감사를 표현하는 빈도가 높을수록 듣는 사람의 가치를 높이는 효과가 있다. 나를 도와준 사람의 고마움을 알아주는 것은 서로의 관계를 깊게 만들어준다.

따라서 성공하려면 '감사합니다'를 습관화해야 한다."

 칭찬과 감사에는 놀라운 힘이 숨어 있다. 단순히 적을 만들지 않는 정도가 아니라, 주변 사람들을 모두 내 편으로 만들어주는 것이다. 칭찬과 감사를 아끼지 않을수록 더 많은 사람이 나의 성공을 돕는 기적이 일어나는 것이다.

 종종 기업이나 대학에서 강의할 때 자주 인용하는 시가 있다. 함석헌 선생의 〈그 사람을 가졌는가〉라는 시이다.

> 만리길 나서는 길
> 처자를 내맡기며
> 맘 놓고 갈만한 사람
> 그 사람을 그대는 가졌는가
>
> 온 세상 다 나를 버려
> 마음이 외로울 때에도
> '저 마음이야' 하고 믿어지는
> 그 사람을 그대는 가졌는가
>
> 탔던 배 꺼지는 시간
> 구명대 서로 사양하며
> '너만은 제발 살아다오' 할
> 그 사람을 그대는 가졌는가

불의의 사형장에서
'다 죽여도 너희 세상 빛을 위해
저만은 살려두거라' 일러줄
그 사람을 그대는 가졌는가

잊지 못할 이 세상을 놓고 떠나려 할 때
'저 하나 있으니' 하고
빙긋이 웃고 눈을 감을
그 사람을 그대는 가졌는가

온 세상의 찬성보다도
'아니'하고 가만히 머리 흔들 그 한 얼굴 생각에
알뜰한 유혹을 물리치게 되는
그 사람을 그대는 가졌는가

'그 사람'은 먼 곳에 있는 누군가가 아니다. 가깝게는 나와 가장 가까운 가족이고, 가장 많은 시간을 함께 보내는 직장 동료이다. 또 업무적으로 자주 만나는 거래처 사람들이고, 가볍게 스쳐 지나가는 아주 작은 인연을 통해서도 우리는 '그 사람'을 만날 수 있다.

그래서 나는 내 주변의 모든 사람을 '손님'이라고 생각한다. 가까운 사이일수록 더욱 예의를 지키고, 단점보다는 장점에 주목하며 칭찬을 아끼지 않으려 노력하고 그 사람 덕분에 지금의 내가 있을 수 있다고 감사한 마음을 가지려 애쓴다. 그것이 관계의 시작이라고 생각하기 때문이다.

17세기 프랑스의 고전작가 라로슈푸코는 이렇게 말했다.

"적을 만들기 원한다면 내가 그들보다 잘났다는 사실을 증명하면 된다. 그러나 친구를 얻고 싶다면 그가 나보다 뛰어나다고 느끼게 해주어라."

작은 인연을 소중히 여기며 칭찬과 감사의 마음을 갖자. 그것이 나를 성공으로 이끌어줄 '그 사람'을 만나는 지름길이 되어줄 것이다.

가족에게
연애편지 쓰는 남자

　나는 26살에 결혼했다. 부산은행에 다닐 때 군 제대 후 발령을 받은 지점에서 지금의 아내를 만났다. 같은 지점에서 근무하다 보니 마주칠 일이 많았는데, 유독 나에게만 살갑게 대하는 아내에게 점점 마음이 기울었고 좋은 감정을 가지게 됐다.
　하지만 나는 결혼할 수 있는 상황이 전혀 아니었다. 최소한의 생활비를 제외하고 월급 모두를 집안의 빚을 갚는 데 써야 했기 때문에 경제적으로 여유가 없었다. 방 한 칸은커녕 데이트 비용조차 쓰기 어려웠다. 그런데도 아내의 마음은 늘 한결같았다.
　결혼 전의 일이다. 하루는 친척 장례식에 참석하기 위해 고향에 내려갔다가 아내가 우리 집에 다녀간 사실을 알게 됐다. 당시에는 칫솔이나 치약, 비누가 귀했는데 그걸 선물로 챙겨 들고 나도 모르게 우리 부모님을 만난 것이다. 선물 때문이 아니라 그 마음 씀씀이가 매우 고마워지면서 아내에 대한 마음이 커져 갔다.

그러던 어느 날 업무적으로 물어볼 것이 있어서 아내에게 전화했는데, 시간이 괜찮으면 자기 집에 놀러 오라는 제안을 받았다. 거절하기도 그렇고 궁금하기도 해서 아내의 집을 방문했다. 지금 생각해 보면 나도 모르게 선을 본 셈이었다. 그것을 계기로 결혼식을 올리게 됐다.

나와 결혼하면서 아내가 겪은 고생은 말로 다 못한다. 아내는 퇴직금으로 받은 돈을 모두 우리 집 빚을 갚는 데 썼고, 결혼식도 대출을 받아서 치른 후 사람들이 낸 축의금으로 겨우 갚았다. 결혼한 후에도 그 어려운 살림을 혼자서 감당해야 했다. 그런데도 아내는 단 한 번도 나에게 싫은 소리를 한 일이 없었다.

외환위기로 다니던 은행이 퇴출당하면서 갑자기 거리에 나앉을 때도 아내는 "당신과 내가 노점으로 사과 장사라도 하면 설마 굶기야 하겠느냐"며 오히려 위로의 말을 건넸다. 실제로 당시 아내는 재봉틀을 돌리고 온갖 아르바이트를 하며 가장인 나를 대신해 생활비를 벌었다. 위기의 순간마다 아내가 큰 힘이 되어준 것이다.

동갑인 탓에 젊을 때는 아내와 많이 투닥거리기도 했다. 하지만 어려움이 닥칠 때마다 모든 것을 견뎌준 아내에게 나는 존경심을 느꼈고, 아내 덕분에 겸손을 배우게 됐다. 내 판단이 틀릴 수도 있고 내가 많이 부족한 사람이라는 것을 깨닫게 된 것이다.

그래서 무슨 일이 생기면 아내에게 우선 의견을 구하는 일이 일상이 됐다. 지금도 나는 중요한 결정을 할 때마다 아내에게 조언을 구한다. 아내는 나에게 '집사람'이 아니라 내가 옳은 길로 갈 수 있도록 도와주는 '멘토'이자 '스승'인 것이다.

아내를 바라보는 관점이 바뀌자 아이들을 대하는 내 태도도 달라지기 시작했다. 아이들이 '내 아이'가 아니라 하나의 '독립된 인격체'로 보이기 시작한 것이다. 실제로 나는 지금까지 아이들에게 소리를 지르거나 명령을 해본 적이 없다. 아이들이 아무리 어려도, 시간이 더 걸리더라도 아이들과 충분히 대화를 나누고 공감하는 것이 진짜 소통이라고 생각하기 때문이다.

형제들과의 사이도 돈독한 편이다. 천안에 계시는 부모님 댁을 매주 삼형제가 돌아가며 찾아뵙고 있는데, 내가 바빠서 못 가면 "형님이 요새 이런 일들 때문에 바빠서 못 오셨어요."라고 동생들이 대신 안부를 전해주고, 동생들이 바빠서 못 가면 내가 대신 안부를 전한다. '나는 어렵게 시간을 쪼개서 왔는데 너는 왜 안 오느냐'고 타박할 수도 있는데, 단 한 번도 형제간에 큰 소리가 난 적이 없다. 어머니가 중풍을 앓으셔서 15년째 병원에 계시는데, 병원비 때문에 잡음이 난 적도 없다.

별것 아닌 것 같지만 작은 노력이 가족들과의 관계를 더욱 돈독하게 만들어주는 것 같다. 나는 가끔 아내와 형제들에게 편지를 쓴다. 거창한 내용은 없다. 명절 때 벌초하느라 고생했다는 말을 적기도 하고, 좋은 일이 있으면 축하의 메시지를 전하는 정도이다. 제수씨에게도 명절 때 고생해주셔서 감사하다는 말을 적어 보내곤 한다. 가까운 사이일수록 예의를 지켜야 한다는 말이 있듯이, 가족이니까 내 마음을 알아줄 것이라고 생각하는 대신 내가 먼저 마음을 표현하는 노력이 필요하다고 생각하기 때문이다. 사랑은 표현할수록 더 강해지는 법이다.

그러고 보면 화목한 가정이 나의 가장 큰 성공 자산이라고 해도 과언이 아니다. 사회생활에 필요한 모든 인간관계의 덕목을 가정으로부터 배운 덕에 성공할 수 있다고 생각한다.

나는 지난 40년 동안 누구보다 고객과 가깝게 지내왔다. 은행에 근무할 때도, 증권사에서 일할 때도, 자산운용사에 몸담은 지금도 나의 중심은 항상 고객이다. 어떻게 해야 고객에게 만족을 주고 신뢰를 받을 수 있는가가 내 평생의 화두였다. 그러면서 깨달은 사실 중 하나는 나에게 가장 가까운 고객은 바로 내 가족이라는 것이다. 가장 가까운 가족도 내 편으로 만들지 못하는 사람이 밖에서 만난 사람들을 내 편으로 만드는 것은 쉬운 일이 아니다.

가족을 배려할 줄 모르면 타인을 배려하는 마음을 가지기 어렵다. 가족을 신뢰할 줄 모르면 어떤 훌륭한 사람을 만나도 큰 인연을 만들기 쉽지 않다. 이 세상에 처음부터 큰 인연은 없다. 모든 관계는 아주 작은 인연에서 시작되는 것이고, 그것이 하나둘 모여 큰 인연이 되는 것이다. 모든 성공의 출발은 가정으로부터 출발한다는 얘기다.

'가화만사성(家和萬事成)'이라는 말이 있다. 공동생활이 이루어지는 최소 단위이자 사회생활의 출발점인 가정이 화목해야 모든 일이 잘 이루어진다는 뜻이다.

가정의 화목을 이루기 위해서는 여러 방법이 있겠지만, 나는 가족들을 확실한 우군으로 만드는 것이 우선이라고 생각한다. 마치 귀한 손님을 대하듯이 배우자를 대하고, 내 자녀라고 해서 말을 함부로 하거나 명령하는 것이 아니라 항상 자녀의 입장에서 이해하고 대화를 나누며, 형제간에도 서로 나누면서 우애를 다지는 것이다. 한마디로 가족을 동반자로 대해야 한다.

주위를 보면 한 지붕 아래에 살아도 가족과 남남처럼 먼 관계로 지내는 경우가 적지 않은 것 같다. 밖에서는 덕망 높고 다정한 사람으로 평가받는데, 가정에서는 자기주장만 앞세우거나 명령으로 일관하는 경우가 종종 있다. 이런 태도가 처음에는 통할지 모른다. 그러나 결정적 순간이 되면 사람은 하던 대로 행동하기 마련이다. 가족관계에서부터 파트너십을 견고히 쌓고, 그것을 토대로 사회생활을 해나갈 때 비로소 진정한 신뢰관계를 구축할 수 있다.

내 편이 밖에 있는 것도 행복하지만 가족이 모두 내 편이 되는 것 또한 행복이 아닐까 한다. 그러자면 고객의 이야기를 듣듯이 자녀의 이야기를 듣고, 고객을 귀하게 여기고 배려하듯이 배우자를 귀하게 여기고 배려하는 노력이 필요하다. 소통과 신뢰의 기본은 가족관계에서부터 시작된다. 가족을 파트너로 만드는 사람만이 성공도 거머쥘 수 있을 것이다.

직원에게
영상편지 받는 남자

2005년 어느 날 유리자산운용에서 대표이사를 맡아달라는 제안이 왔다. 그동안의 노력이 헛되지 않았다는 생각에 기쁘면서도, 한편으론 '내가 과연 회사를 잘 운영할 수 있을까'하는 생각에 걱정이 앞섰다. 처음에는 누구 못지않은 실적을 올려서 'CEO 차문현'으로 인정받고 싶다는 생각이 머릿속을 가득 채웠다. 하지만 나를 바라보는 직원들을 본 순간 내 생각이 얼마나 옹졸한 것이었는지를 깨달았다.

유리자산운용은 규모도 작고 인원도 적었지만 능력 있고 전망이 밝은 직원들이 근무하는 곳이었다. 당장의 실적이나 조직 발전도 중요하지만, 직원들에게 비전을 제시하고 할 수 있다는 자신감을 심어주는 것이 CEO로서 내가 해야 할 가장 중요한 역할이라고 생각했다. 인생의 선배로서 어떻게 하면 직원들의 성장과 발전을 도울 수 있을지 고민했다. 그래서 나는 직원들에게 이렇게 말했다.

"저는 여러분의 발전이 곧 회사의 발전이라고 생각합니다. 배우고 싶은 것이 있다면 망설이지 말고 도전하십시오. 영어 공부도 좋고 대학원 공부도 좋습니다. 필요한 것이 있다면 무엇이든 적극 지원하겠습니다."

처음에는 모두 의아하다는 반응을 보였다. 열심히 일하라고 해도 부족한데 일할 시간을 빼서 공부하라니 그럴 만도 했다. 하지만 내 진심이 통했는지 얼마의 시간이 흐르자 신청자가 생겨나기 시작했다. 그에 보답하듯 나도 필요한 비용을 포함해서 업무에 부담이 되지 않는 선에서 직원들의 학업을 전폭적으로 지원했다. 그 결과 카이스트를 비롯해 몇 명이 박사 학위와 석사 학위를 받았다. 헬싱키 대학에 유학을 다녀온 직원도 있었다.

하지만 세상에는 학교에서 배울 수 없는 것도 있는 법이다. 그래서 나는 모든 직원이 함께 떠나는 연수를 추진했다. 첫해에는 금강산으로 워크숍을 다녀왔고, 다음에는 두바이에 가서 사막투어를 했으며, 그다음 해에는 중국의 만리장성을 보고 왔다.

주주들의 반대가 만만치 않았다. 본사를 비롯해 다른 계열사는 못 가는데 작은 계열사가 막대한 예산이 소요되는 해외 연수를, 그것도 해마다 간다고 하니 반대하는 것이 당연했다. 하지만 밀어붙였다. 회사의 성장을 위해서는 직원들의 해외연수가 반드시 필요하며 필요한 돈은 내가 받은 상여금으로 충당하겠다고 설득했다.

당시 유리자산운용은 직원이 50명 정도였다. 모든 직원을 데리고 해마다 해외연수를 다녀오느라 사실 금전적으로 힘든 부분이 적지 않았고 직원들도 상여금이 일부 줄었다. 하지만 훨씬 소중한 것을 얻을 수 있었다. 많은 직원이 '할 수 있다'는 자신감을 얻었고, 회사의 발전이 곧 자신의 발전이라는 긍정적인 목표의식을 갖게 된 것이다.

얼마 후 금융위기가 불어 닥치면서 회사 경영이 잠시 어려워졌다. 나는 직원들에게 '미안하지만 지금 회사가 힘드니까 급여를 삭감해 달라'고 부탁했다. 보통의 경우라면 직원들이 크게 반발할 수 있는 상황이었다. 하지만 신기하게도 누구 하나 반대하는 사람이 없었다. 회사의 발전에 모두가 한마음이 된 것이다.

그로부터 몇 년 후 우리자산운용으로 적을 옮기게 됐다. 퇴임식 날, 나는 눈물을 쏟고 말았다. 직원들이 직접 만든 동영상 때문이다. 직원들이 나에게 쓴 편지를 읽는데 그 마음이 고스란히 느껴져서 도저히 눈물을 참을 수 없었다.

"2005년 5월 대표님이 회사 문을 열고 처음 들어오실 때 모습이 생각납니다. 약간 들려진 턱선, 쫙 펴진 어깨, 힘찬 손짓. 그렇게 당당하게 들어오셨죠. 그 모습에서 느껴지는 카리스마에 왠지 찡해졌습니다. 그때 어쩐지 잘 될 것 같다는 막연한 기대감이 들어서 그랬는지도 모르겠습니다.

지난 5년간 회사를, 그리고 사람을 키워주셔서 감사합니다. 알려지지 않은 소형사였던 회사를 이젠 누구나 아는 중견기업으로 키워주셔서 감사합니다. 자기계발의 독려로 직원 개개인의 발전에 아낌없이 지원하고 응원해주셔서 감사합니다. 때때로 얼굴에 살짝 미소가 피어날 수 있게끔 이벤트를 해주셔서 감사합니다. 직원들이 편하게 대화할 수 있는 권위적이지 않은 대표님이 되어주셔서 감사합니다.

이렇게 함께한 시간 동안에 감사함은 마음에 가득한데 벌써 헤어짐을 앞에 두게 됐습니다. 봄에 새싹이 돋아나고, 가을에 잎이 지는 것이 당연하듯 만남이 있으면 헤어짐이 있는 것이 당연한데, 이렇게 머리로, 마음으로 아쉬움이 깊이 남는 것을 어찌해야 할까요. 어디로 가시든지 우리 회사에 쏟으셨던 열정과 그에 따른 눈부신 성장을 추억하면서 다시 뵙고 싶다는 혼자만의 기약을 마음 한편에 담아 봅니다."

지금도 그 순간을 떠올리면 가슴 한쪽이 뭉클하다. 중요한 순간마다 원하는 성공을 이루고 지금의 자리에 오를 수 있었던 것은 나를 믿어준 많은 사람 덕분임을 알고 있어서이다.

어느 날 위나라 장군 문자가 공자의 제자 자공에게 물었다.

"계문자가 세 번이나 곤궁에 빠졌다가 세 번 다시 부귀하게 된 까닭이 무엇입니까?"

"계문자는 곤궁에 빠졌을 때는 현덕한 사람을 섬겼고, 현달했을 때는 곤궁한 사람들을 천거했습니다. 부유할 때는 빈궁한 사람들을 구제했고, 존귀해졌을 때는 비천한 사람들을 예우했습니다. 곤궁할 때 현덕한 사람을 섬기면 자포자기하지 않게 되고, 현달했을 때 곤궁한 사람을 천거하면 충실한 벗들을 얻을 수 있습니다. 부유할 때 빈궁한 사람들을 구제하면 백성이 그를 즐겨 따르게 되고, 존귀할 때 비천한 사람들을 예우하면 백성이 한결같이 그를 우러러 받들게 됩니다. 이런 사람들이 뜻을 이루는 것은 필연적인 것이며 어쩌다가 뜻대로 안 되는 것은 시운 탓이지요."

문자가 다시 물었다.

"그렇다면 뜻을 이루지 못하고 실의에 빠지는 것은 무슨 까닭입니까?"

"곤궁할 때 현덕한 사람을 섬기지 못하고, 현달할 때 곤궁한 사람을 천거하지 못하며, 부유할 때 빈궁한 사람을 구제하지 못하고, 존귀할 때 비천한 사람들을 예우하지 못하기 때문입니다. 이런 사람들이 뜻을 못 이루는 것은 필연적인 것이며 어쩌다가 뜻대로 되는 것은 시운 덕이지요."

조선 시대의 거상 임상옥은 이런 말을 남겼다.

"장사는 이문을 남기는 것이 아니라 사람을 남기는 것이다. 소인은 장사를 통해 이윤을 남기지만 대인은 무역을 통해 사람을 남긴다."

사람들은 돈을 많이 벌고 승진도 빨리 하고 자기 분야에서 이름을 알리는 사람을 성공한 사람이라고 생각한다. 하지만 만약 그와 함께 일했던 사람들이 불행을 느낀다면 그는 성공한 사람이 아니다. 진정한 성공이란 돈이나 명성이 아니라 사람을 얻는 것이기 때문이다. 그 자리를 떠난 후에도 많은 사람이 함께 일하고 싶어 하는 사람이야말로 지속적인 성공을 얻을 수 있다.

아프리카 짐바브웨에는 이런 속담이 있다.

'빨리 가려면 혼자 가고, 멀리 가려면 함께 가라.'

함께 가는 방법은 다른 사람의 성공을 돕는 것이고, 다른 사람의 목표에 관심을 기울이고 필요한 도움을 주는 것이다. 또 내가 되고 싶은 것, 내가 받고 싶은 것을 주는 것이다. 내 입장에 비추어 남의 입장을 알아줄 때 우리는 비로소 많은 사람과 함께 먼 길을 떠날 수 있다.

다른 사람의 성공을 돕는 것, 그것이야말로 진정한 성공의 시작이다.

보이지 않는
이력서를 작성하라

동화은행에 있을 때 시골학교 아이들을 서울로 초청하는 행사를 맡은 적이 있다. 일종의 사회공헌 활동이었는데, 이왕이면 인연이 있는 곳이 좋겠다 싶어서 예전에 큰아버지께서 근무하셨던 학교에 초청장을 보냈다. 선생님을 포함해 전교생이 40명밖에 안 되는 아주 작은 학교였다. 개인 돈을 쓴 것은 아니었지만 하루 동안 아이들에게 서울 구경도 시켜주고, 맛있는 밥도 사주고, 좋은 옷도 사주면서 큰 보람을 느꼈다.

그로부터 며칠 후 그 학교 교장 선생님에게서 전화가 왔다. 언제 시간이 될 때 학교에 와달라는 당부였다. 마침 고향에 내려갈 일이 있어서 학교에 찾아갔다.

"사실 몇 달 후에 학교가 문을 닫게 됐습니다. 그래서 아이들이 많이 힘들어했는데, 선생님께서 애써주신 덕분에 정말 즐거운 하루를 보냈습니다. 감사합니다."

"아닙니다. 저는 별로 한 것도 없는데 아이들이 즐거워했다니 제가 오히려 더 감사하죠."

"그래서 말인데, 우리 학교 출신 중에 높은 자리에 있는 분들이 몇 분 계시거든요. 제가 선생님 얘기를 했더니 꼭 만나고 싶다고 하시더라고요. 괜찮으시면 한번 만나보셨으면 해서요."

그러면서 명함을 몇 장 받았는데 속으로 깜짝 놀랐다. 정부 고위직에 계신 분도 있고, 알 만한 사람은 다 아는 그룹의 회장님도 있었던 것이다. 한참을 망설이다가 전화를 걸었다. 그것이 인연이 돼서 여러 번 만남을 가졌고, 나중에는 서로 마음을 나누는 사이가 됐다. 그로부터 5년 후 지점장을 맡게 됐는데 그분들로부터 알게 모르게 많은 도움을 받았다. 그때 나는 인연의 힘이 얼마나 큰가를 느낄 수 있었다. 나는 그저 큰아버지가 몸담았던 학교였고 기회가 닿아서 초청했던 것인데, 그것이 이토록 큰 인연으로 이어질 줄은 몰랐기 때문이다.

그로부터 몇 년 후 실직자가 됐을 때도 나는 인연의 힘을 실감할 수 있었다. 1998년 금융기관 구조조정의 일환으로 동화은행이 퇴출당하고 S은행에 합병됐다. 보통 합병을 하면 자산만 받는 경우가 있고 기존에 일하던 사람도 함께 받는 경우가 있는데, 동화은행은 고용승계 의무가 없는 부채 외 자산인수(P&A) 조건으로 합병되면서 많은 사람이 직장을 잃었다. 나도 그중 한 명이었다.

다행히 S은행 쪽에서 같이 일하자고 연락을 해왔다. 나는 그동안 열심히 일한 보람이 있었다며 안도의 한숨을 쉬었다. 하지만 불발로 끝나고 말았다. 동화은행에 있을 때 마지막 직책이 지점장이었는데, 일부 사람들이 지점장을 데려오면 그만큼 대우도 해줘야 하고 세력이 생길 수도 있다며 반대를 한 것이다.

나는 직장을 잃었을 때보다 더 절망했다. 외환위기로 젊은 사람들조차 직장을 구하기가 하늘의 별 따기였기 때문이다. 당시 '45세가 정년'이라는 뜻의 '사오정'이 유행어처럼 나돌았는데 그때 내 나이가 47세였다. 다시는 직장을 구하기 어려울 수도 있다는 불안감 때문에 밤잠을 이루지 못하는 날들이 많았다.

그런데 2주일쯤 지났을까. 제일투자신탁증권에서 법인영업부장을 맡아달라는 연락이 왔다.

"저는 지원한 적이 없는데 어떻게 연락을 하셨습니까?"

"새로 직원을 구하는 과정에서 동화은행 출신 사람들과 면접을 했거든요. 그때 좋은 분이 있으면 추천해 달라고 했는데 많은 분들이 지점장님을 추천하시더라고요."

이후로도 이력서를 내지도 않았는데 여러 곳에서 함께 일하자는 제안을 받았다. 함께 일했던 직원들이 나를 추천해준 덕분이었다. 나중에 알고 보니 그중에는 함께 일한 적이 없는 직원도 여럿 있었다. 그때 나는 '고맙다'는 정도를 넘어서 마치 생명의 은인을 만난 것처럼 벅찬 감동을 느꼈다. 보이지 않는 인연의 힘이 얼마나 크고 높은가를 실감한 것이다.

이후 제일투자신탁증권에 들어간 나는 그들의 은혜에 보답하기 위해 열심히 일했고 좋은 실적을 올리게 됐다. 어느 정도 능력을 인정받고 안정적인 지위를 얻게 된 후에는 닥치는 대로 직장을 아직 구하지 못하고 있던 동화은행 출신들을 추천하기 시작했다. 당시 내가 추천한 사람이 40여 명에 달했다.

다행히 많은 동료들이 나의 노력으로 새 직장을 구할 수 있었고, 그들은 모두 열심히 일해서 능력을 인정받게 됐다. 그런데 그 모든 공이 나에게 돌아왔다. 내가 능력 있는 사람들을 추천한 덕분에 회사가 더 성장할 수 있었다며 나를 이사로 승진시킨 것이다.

나는 현재까지 그때 함께 일했던 사람들과 꾸준히 만남을 이어오고 있다. 지금은 서로 다른 곳에서 일하고 있지만 도움이 필요할 때마다 서로에게 든든한 지원자 역할을 하고 있다.

『논어』에는 '덕불고필유린(德不孤必有隣)'이라는 말이 나온다. 주변 사람들에게 좋은 일을 많이 하는 덕을 가진 사람은 때로는 위기가 닥치고 힘든 순간이 생기더라도 주변에 함께 하는 사람들이 있어서 절대 외롭지 않다는 뜻이다.

비록 나는 덕이 없는 사람이지만 운이 좋게도 많은 것을 베풀어준 이웃들을 만나 재기에 성공할 수 있었고 더 큰 성공을 이룰 수 있었다. 그래서 나는 지금도 중요한 결정을 할 때마다 끊임없이 나 자신에게 반문한다. 내 욕심을 앞세우기보다 다른 사람들에게 도움을 줄 수 있는 선택을 하기 위해서다. 그것이 내가 받은 도움을 절반이라도 갚는 방법이라고 생각하고 있다.

중국 한나라 때 유향이 편찬한 설화집인 『설원』에는 이런 이야기가 나온다.

　진(秦)나라 목공이 가뭄을 시찰하러 기산 아래 이르렀는데 아끼던 준마가 달아났다. 목공이 직접 말을 찾아 나섰더니 농부들이 그 말을 잡아 불에 구워 먹고 있었다. 주위 신하들이 농부들에게 벌을 주어야 한다고 말했다. 하지만 목공은 오히려 신하들을 꾸짖고 농부들에게 다가가 사정을 물었다. 농부들은 며칠째 아무것도 먹지 못했다고 말했다. 이에 목공은 탄식하며 말했다.

　"준마 고기를 먹으면서 술을 마시지 않으면 탈이 난다고 합니다."

　그러면서 자신의 준마를 잡아먹은 농부들에게 오히려 술을 베풀었다. 그로부터 일 년이 지나고 전쟁이 일어났다. 진나라군은 수세에 몰렸고 목공이 탄 전차가 적군에게 포위당했다. 그 순간 갑자기 농부들이 나타나 돌격해 왔다. 손에 각종 농기구를 든 농부들은 필사적으로 싸워 적군을 물리치고 목공을 구했다. 이를 본 진나라군은 사기가 고조되어 용감하게 싸웠고, 마침내 전쟁에서 승리했다.

　이에 목공이 농부들에게 큰 상을 내리려 하자 농부들이 일제히 무릎을 꿇으며 말했다.

　"임금님이 저희를 살려주신 은혜에 보답하기 위해 싸운 것이지, 상을 받기 위해 싸운 것이 아닙니다."

　그들은 기산에서 임금의 말을 잡아먹었던 농부들이었다.

　『설원』에는 이런 이야기도 나온다.

　한때 큰 부자였던 동려자가 한순간에 밥을 빌어먹는 거지로 전락했다. 사람들이 그에게 이유를 물었다.

"어떻게 해서 이 지경에 이르렀습니까?"

그러자 동려자는 이렇게 대답했다.

"나는 재상을 6~7년이나 하면서도 단 한 사람도 천거한 일이 없었습니다. 엄청난 부를 가지고 있으면서도 단 한 사람도 도와주지 않았습니다. 내가 이 지경이 된 것은 모두 남에게 은덕을 베풀지 않은 결과입니다."

이들 이야기가 주는 교훈은 하나다. 아무리 높은 지위에 오르고 많은 부를 가져도 다른 사람과 나눌 줄 모르면 한순간의 영광에 지나지 않을지 모른다는 것이다. 이 세상의 모든 공명과 부귀는 여럿이 도와서 이루어지는 것이기 때문이다.

그래서 나는 음덕을 쌓는 사람이 되어야 한다고 생각한다. 음덕이란 보통 조상에게 좋은 일을 많이 하면 후손이 복을 받는다는 뜻으로 사용되지만, 본래 뜻은 남에게 알려지지 않은 덕행을 이르는 말이다. 평소 보이지 않는 곳에서 좋은 일을 많이 하면 그 덕이 자신에게 돌아온다는 것이다. 음덕을 많이 행할수록 좋은 인연들이 많이 생기고, 그 인연들이 알게 모르게 큰 인연으로 이어져 더 큰 성공을 이룰 수 있게 된다는 것이다.

우리는 누구나 귀인과의 만남을 원한다. 나에게 도움이 되는 사람, 기회를 열어주는 사람, 위험과 위기를 막아주는 사람을 만나고 싶어 한다. 그러나 귀인을 만나려면 나 역시 누군가에게 귀인이 되어야 한다. 보이지 않는 인연의 힘을 믿고 선행을 베풀며 음덕을 쌓아가는 것, 그것이 바로 귀인이 되는 방법이 아닐까?

신뢰를 부르는
거절의 기술

　사회생활을 하다 보면 남에게 부탁을 해야 할 때도 있고, 반대로 부탁을 받을 때도 있다. 이때 결과는 둘 중 하나이다. 부탁을 들어주거나 아니면 거절하는 것이다. 문제는 거절을 선택할 때다. 상대가 내 부탁을 거절하면 무시를 당한 것 같아 기분이 상하고, 내가 상대의 부탁을 거절하면 왠지 나쁜 사람이 된 것 같아 불편한 마음이 드는 것이 사실이다. 심한 경우 부탁을 거절했다는 이유로 관계가 틀어지는 경우도 적지 않다. 거절은 받아도, 해도 썩 기분 좋은 일은 아니다.

　하지만 현실적으로 사람들의 부탁을 모두 들어주는 것은 불가능하다. 자신의 권한 밖의 일일 수도 있고, 그 부탁을 들어주면 회사나 누군가가 피해를 보거나 더러 불법 또는 비리에 연관된 부탁인 경우도 있을 수 있기 때문이다. 괜히 인정에 얽매여 부탁을 들어줬다가 나중에 피해가 생기는 것보다는 차라리 단호하게 거절하는 것이 모두를 위해 좋은 선택일 수 있다.

문제는 많은 경우 거절하는 방법을 잘 모른다는 것이다. 거절의 결과가 좋지 못한 이유는 거절 그 자체에 있는 것이 아니라 제대로 거절하지 못했기 때문이다. 거절에도 요령이 있다. 그래서 성공학이나 처세술을 다룬 책들을 보면 공통적으로 다루는 주제가 바로 '잘 거절하는 방법'이다. 이들 책에서 공통적으로 이야기하는 방법을 요약하면 다음과 같다.

하나, 거절해야 하는 이유가 충분할 때 거절한다. 둘, 잘 알지도 못하면서 거절했다는 느낌이 들지 않도록 바로 거절하지 말고 상대의 이야기를 진지하게 경청한 후 거절한다. 셋, '할 수 없다'거나 '안 되겠다'는 식의 단정적인 표현을 자제하고 대신 거절할 수밖에 없는 이유를 충분히 설명한다. 넷, 상황이 달라지면 다시 부탁을 들어줄지도 모른다는 희망을 품지 않도록 단호하게 거절한다. 다섯, 거절하는 이유를 명확하게 설명해서 다시는 같은 내용을 부탁하지 않도록 한다. 이외에도 부분적으로 부탁을 들어준다거나 제3의 대안을 제시하는 등 다양한 거절 방법을 제안하고 있다.

여기에 나만의 노하우를 몇 가지 보태면 다음과 같다.

첫째, 거절해야 할 때는 부탁을 들어줄 때보다 10배, 20배 이상 노력을 기울인다. 평소보다 더 좋은 장소에서 더 맛있는 음식을 먹으며 상대방이 충분히 대접받고 있다는 느낌이 들도록 하는 것이다.

누군가에게 부탁할 때 사람들은 대개 주눅이 들거나 불안함을 느긴다. 남에게 아쉬운 소리를 해야 하다 보니 상대적으로 자신감이 떨어지고, 혹시 거절당할까 봐 두려운 마음이 들기 때문이다. 그럴 때 상대방이 분위기 좋은 곳에서 자신의 이야기에 귀를 기울여주면 불안한 마음이 줄어들면서 편안함을 느끼게 된다. 부탁 여부를 떠나 상대에게 존중과 배려를 받고 있다는 기분이 들기 때문이다. 이런 상황에서는 설사 거절을 당한다고 해도 나쁜 감정을 가지는 경우는 거의 없다.

거절하는 시간이나 장소도 중요하다. 가능하다면 오전보다는 오후에, 공개된 장소보다는 독립된 공간에서 식사를 함께 먹은 후에 거절하는 것이 좋다. 일반적으로 업무가 끝난 오후 시간에 외부 사람이 없는 독립된 공간에서 맛있는 식사를 한 직후가 사람들이 가장 편안함을 느끼는 타이밍이기 때문이다.

둘째, 질문을 던져서 상대방을 주인공으로 만든다. 부탁하고 부탁받는 관계가 아니라, 서로 즐겁게 대화를 나누는 분위기를 조성하는 것이다. 이때 부탁하는 사람이 이야기를 주도적으로 이끌도록 하면 긴장이 풀어지고 사고가 유연해지게 된다. 이렇게 되면 부탁 이외의 방법을 함께 고민하거나 더 나은 대안을 찾는 것도 가능할 수 있다.

셋째, 상대가 감동을 할 정도로 충분히 설득한다. 내 입으로 '부탁을 들어 드릴 수가 없겠다'고 말하는 것이 아니라, 상대방의 입에서 '그럼 부탁을 드리기가 어렵겠네요.'라는 말이 먼저 나오게 하는 것이다.

가장 좋은 거절은 부탁하는 사람이 먼저 포기하도록 하는 것이다.

자신의 부탁을 들어줄 수 없는 이유가 충분히 납득되면 거절당해도 감정이 상하지 않고, 거절하는 입장에서도 한결 부담이 적다. 여기에 인간적인 매력이나 감동이 곁들여지면 부탁을 거절한 후에 오히려 관계가 두터워지기도 한다. 때로는 성의 없는 수락보다는 정성스런 거절이 상대에게 더 큰 호감과 신뢰를 줄 수 있다. 거절도 제대로만 하면 '단절'이 아닌 서로 이해하고 신뢰하는 '새로운 시작'이 될 수 있다.

거절하기 전에 호감을 표현하고, 수많은 사람 중에 자신에게 부탁해 준 것에 대해 감사의 인사를 전하는 것도 상대의 감정을 배려하는 좋은 거절 방법이다.

그러나 사회생활을 하다 보면 이런 방법으로도 거절하기 어려운 부탁이 생기곤 하는데, 가장 대표적인 경우가 직장상사나 회사의 임원이 곤란한 부탁을 해올 경우이다. 들어주자니 나중에 문제가 생길 것 같고, 거절하자니 관계가 껄끄러워질 것 같은 진퇴양난의 상황에 빠지는 것이다.

실제로 최근에 한 기관에서 직장인을 대상으로 '상사의 부당한 명령을 거절하는 방법'에 대해 설문조사를 진행했는데, '직접적으로 거부 의사를 표현한다'고 답한 사람과 '하기 싫어도 억지로 한다'고 답한 사람이 각각 25%, 24%로 비슷한 비중을 차지했다. 과거에 비하면 상사의 부당한 명령을 단호하게 거절하는 경우가 늘고 있긴 하지만, 괜한 갈등을 만들기 싫어서 상사의 명령에 무조건 따르는 경우도 여전히 많은 것이다.

성공 자산 둘, 사람

나도 비슷한 경험이 있다. 한번은 과거에 내가 몸담고 있던 곳의 임원이 사업 검토를 지시했다. 이것저것 조사하고 분석한 결과 그 사업은 잘못하면 회사에 피해가 될 수 있었다. 사업에 성공해서 얻는 이익보다 실패했을 때 발생할 손해가 더 컸던 것이다.

일상적인 업무였다면 거절하는 일이 쉬웠을지 모른다. 하지만 그 사업의 검토를 부탁해온 사람은 임원이 아니라 임원의 지인이었다. 괜히 잘못 거절하면 임원의 눈 밖에 날 수도 있었다. 더 큰 문제는 내가 거절한다고 해도 그 지인이 재차 부탁해서 임원이 다른 직원에게 일을 맡기면 얼마 지나지 않아 그 사업이 추진될 수도 있다는 점이다.

나는 고민 끝에 임원 대신 부탁의 당사자인 임원의 지인을 찾아갔다. 그리고 시간과 노력과 정성을 들여서 최대한 정중한 태도로 그분이 납득할 수 있을 때까지 사업 추진이 어려운 이유를 설명했다.

내 진심이 통했는지 다행히 그분이 동의를 해줬고, 며칠 후 스스로 부탁을 철회했다. 그 결과 나는 사업 재검토라는 불필요한 일을 하지 않게 됐고, 임원도 지인에게 '부탁을 들어주지 못해서 미안하다'는 말을 할 필요가 없어졌으며, 지인 역시 안 되는 일에 더는 힘을 쏟지 않게 됐다. 모두에게 최선의 결과가 돌아간 셈이다.

'당당하게 거절할 때 자신을 보호할 수 있다'는 말이 있다. 거절을 잘하는 사람들은 부당하거나 불합리한 일과 일정한 거리를 유지한다. 자신만의 원칙과 기준에 따라 일을 처리하기 때문에 원하지 않는 일을 억지로 하는 경우도 거의 없다. 불필요한 일에 자신의 소중한 시간과 노력을 낭비하지 않는 것이다.

그래서 나는 거절을 잘하는 것도 능력이라고 생각한다. 거절만 잘해도 성공할 확률이 높아지기 때문이다. 원칙과 신념이 분명한 사람, 믿을 수 있는 정직한 사람, 사람에 대해 배려와 존중의 자세를 가진 사람, 인간적인 매력과 정이 넘치는 사람이라는 평가를 받는 기회가 되기도 한다. 성공하는 사람들이 부탁도 잘하지만 거절하는 능력도 뛰어난 것은 그런 이유이다.

성공하고 싶다면 제대로 거절하는 방법부터 배우자. 어떻게 거절해야 하는지, 누구에게 거절해야 하는지, 거절의 방법과 대상 등을 정확하게 파악하자. 잘 거절하는 방법을 알고 실천하는 순간, 당신은 원하는 성공에 한 발짝 더 다가서게 될 것이다.

선물하고, 칭찬하고, 길을 걷고

내가 유일하게 누리는 사치가 있다면 그것은 바로 책이다. 사회생활을 시작하면서 스스로 많이 부족하다고 생각했고, 평생 손에서 책을 놓지 말아야겠다고 다짐했다. 세상에는 나보다 똑똑한 사람들이 너무나 많은데 그들의 지식과 남다른 생각을 내 것으로 만드는 가장 빠르고 효과적인 수단이 책이라고 판단했다. 승진을 거듭하고 높은 자리에 오를수록 책은 나에게 더없이 좋은 지원자 역할을 해주었다.

책을 좋아하다 보니 지금도 내 집무실에는 경영학 고전부터 최근에 나온 베스트셀러까지 늘 책이 가득하다. 책이 너무 많아서 휴식공간까지 책방으로 꾸며 놓았을 정도이다.

그래서 나는 사람들을 만날 때마다 책을 선물한다. 책보다 비싸고 좋은 선물도 많이 있지만 세상의 지식과 경험이 담긴 좋은 책을 나누는 것만큼 값진 일이 없다고 생각하기 때문이다. 상대방을 떠올리며 어울릴 법한 책을 고르는 일도 나에게는 놓칠 수 없는 즐거움 중 하나이다.

  2010년 5월 우리자산운용에 처음 출근하는 날에도 나는 책과 함께였다. 130명 직원 모두에게 장미꽃 한 송이와 책 한 권을 선물하는 작은 이벤트를 마련한 것이다. 지금도 매달 생일을 맞은 직원들에게 책 한 권과 직접 쓴 편지를 선물하고 있다. 아직 책보다 더 좋은 선물을 발견하지 못해서이다.

  때로는 직접 글을 써보기도 한다. 그렇다고 거창한 내용은 아니고, 그때마다 떠오르는 단상들을 적어 보는 수준이다. 우리자산운용에 출근하고 직원들과 좀 더 가까이 지내고 싶은 마음에 용기를 내서 출근 100일째가 되는 날까지 직원들에게 편지를 쓰기도 했다. 당시 회사가 여러 가지로 힘든 상황이었는데, 못난 글 솜씨이지만 직원들에게 위로의 말을 건네고 싶었다. 혹시나 힘이 될까 싶어서 예전에 내가 다른 회사에서 겪었던 사건들을 적기도 하고, 책에서 읽은 용기를 주는 이야기를 옮겨 적기도 했다.

  그렇게 시작한 편지 쓰기는 100일을 넘겨 6개월 동안 하루도 빼놓지 않고 계속 이어졌다. 지금의 고통을 견뎌내고 다시 비상해보자는 내 나름의 응원이었다. 큰 위로가 되지는 않았겠지만 그 편지로 직원들과 더 가까워진 느낌이 들었다. 그래서 지금도 시간이 날 때마다 직원들에게 편지를 쓴다. 처리해야 할 업무가 많다 보니 따로 직원들을 만날 기회가 적은데, 편지로나마 대화를 나누고 싶어서이다.

  가끔 큰 잘못을 한 직원에게 따끔한 충고를 해야 할 때도 나는 편지나 핸드폰 문자메시지의 힘을 빌리곤 한다. 얼굴을 맞대고 이야기하면 아무래도 안 좋은 감정이 섞이게 되는데, 글로 정리하면 차분하게 꼭 필요한 이야기만 할 수 있기 때문이다. 때로는 백 마디 말보다 한 줄의 글이 더 좋은 소통 방법이 되는 것 같다.

한번은 어떻게 하면 직원들에게 활력을 주고 소통하는 문화를 만들 수 있을까를 고민하다가 칭찬 마일리지 제도라는 것을 만들었다. 사실 자산운용이라는 업무가 재미도 없고 힘든 것도 많을 뿐 아니라 스트레스도 크다. 이런 상황을 전환시키기 위해서는 칭찬이 중요하다고 생각했다. 칭찬은 고래도 춤추게 하는 것처럼 서로 칭찬하는 문화가 생기면 직원들도 긍정의 힘을 얻게 될 것 같았다.

칭찬 마일리지 제도의 운영 방식은 간단하다. 칭찬을 받으면 그것을 마일리지 형태로 적립해서 연말에 상여금으로 돌려주는 것이다. 높은 실적을 쌓아도 칭찬하고, 좋은 제안을 해도 칭찬하고, 직원들에게 인사를 잘해도 칭찬하고, 무엇이든 잘하는 것이 있으면 칭찬을 남발한다. 그리고 칭찬을 가장 많이 받은 사람에게는 연말에 최고 200만 원까지 상금을 주도록 했다. 그 덕분인지 예전보다 직원들의 표정이 한결 밝아졌고 업무 능률도 올랐다. 칭찬의 힘을 톡톡히 본 셈이다.

지난해에는 모든 직원이 6개월 동안 릴레이로 700km를 걷는 국토 대장정 이벤트를 벌였다. 직원 입장에서는 매일 의자에 앉아서 일하다가 갑자기 많은 거리를 걸으려니 힘이 들었을 것이다. 하지만 잠시 바쁜 일상에서 벗어나 인적 없는 길을 걸으면서 차분히 자신에 대해 생각해보는 것도 좋을 것이라 생각했다. 그간 교류가 없던 타부서 직원들과 이야기를 나누면서 서로 이해하고 공감하는 계기도 만들고 싶었다. 다행히도 이런 내 뜻이 직원들에게도 전해진 모양이다. 국토 대장정 수기집 『모래알에서 진흙으로』에서 한 직원은 이런 소감을 전했다.

"혼자 앞만 보고 걷다가 문득 나와 같이 걷던 동료가 저 멀리 힘들게 걸어오는 모습을 보게 됐다. 힘들어하고 있는 사람을 격려하며 같이 왔어야 하는데 너무 나만 생각하면서 혼자 걸어왔다는 생각이 들었다. 어쩌면 업무 중에도 나와 같이 일하는 동료가 힘들어하고 있는데 나는 모른 척하고 앞만 보고 일하지 않았나 하는 생각이 들었다."

(윤○○ 주식트레이딩팀 팀장)

나는 직원들의 수기집을 읽으며 국토 대장정 이벤트를 하길 잘했다고 생각했다. 비록 그때는 힘이 들었지만 함께 길을 걸으며 동료의 소중함을 깨닫게 되고, 자연스럽게 팀워크가 생겨났기 때문이다. 덤으로 아스팔트 길 위에서 짜장면을 시켜 먹는 평생 잊지 못할 추억까지 얻을 수 있었으니 말이다.

기억을 더듬어 보니 나의 이벤트 병(?)은 1995년 때부터 시작된 것 같다. 당시 동화은행 도산로 신설 지점에 첫 지점장으로 부임하게 됐는데, 오픈 준비보다 직원들과의 야유회에 더 많은 시간을 쏟았다. 새로 지점을 열려니 준비할 것이 많은 상황 속에서도 나는 직원들과 오솔길을 앞서거니 뒤서거니 걸으며 이런저런 대화를 나누는 것이 그렇게 좋을 수가 없었다.

그러던 어느 날 한 직원이 이렇게 물었다.

"지점장님, 오픈 날짜가 얼마 안 남았는데 이렇게 놀러다녀도 괜찮습니까?"

내가 말했다.

"걱정하지 마세요. 잘 노는 것도 준비과정 중 하나입니다."

물론 지점장으로서 실적을 올리는 것도 중요했다. 하지만 나는 직원들과의 하모니가 더 중요하다고 생각했다. 눈동자만 봐도 상대의 마음을 알고 서로를 느낄 수 있는 분위기, 신뢰의 분위기를 만들고 싶었다. 금융은 신뢰가 가장 중요하기 때문이다.

신뢰란 만나서 밥 한 그릇 먹었다고 생기는 것이 아니다. 오랫동안 생각을 공유할 때 생기는 것이다. 나에게는 야유회가 그 시작이었다. 잠시 일에서 벗어나 자연스러운 분위기에서 서로 이해하고, 공감하면서 한마음이 되기를 바랐던 것이다. 그래서 지점 오픈까지 한 달여 동안 나는 직원들과 말 그대로 신 나게 놀았다. 직원들이 하나로 단합할 수만 있다면 실적은 자연스럽게 따라올 것이라고 확신했다.

내 예상은 적중했다. 모든 직원이 신이 나서 스스로 일하는 분위기가 만들어진 것이다. 살아 움직인다는 생각이 들 정도로 모두가 열정적으로 일했다. 그렇게 모든 직원이 한마음으로 일에 몰입하자 실적은 눈에 띄게 올라갔다. 전 지점을 통틀어 전무후무한 실적을 올린 것이다.

많은 사람이 리더가 갖춰야 할 역량 중 하나로 소통 능력을 꼽는다. 단순히 의사전달의 수준이 아니라, 공감과 신뢰를 기반으로 하는 팀워크를 이끌어내는 사람만이 성공하는 리더가 될 수 있기 때문이다.

소통을 잘하기 위해서 무슨 거창한 이론이나 전략이 필요한 것은 아니다. 소통은 아주 작은 것에서부터 시작된다. 좋은 책을 나누거나, 마음이 담긴 편지를 전하고, 함께 길을 걷는 등의 아주 사소한 일상에서 서로를 이해하고 공감하는 마음이 싹튼다고 나는 믿는다.

현대 경영의 창시자로 불리는 톰 피터스는 책 『리틀 빅 씽』에서 이렇게 말했다.

"비즈니스 세계에서 가장 큰 이슈는 커뮤니케이션이다. *가장 효과적인 커뮤니케이션 방법은 보잘것없는 사소함에 주의를 기울이는 것이다.* 작은 공로에 대해 칭찬을 아끼지 않을 때 조직의 분위기를 밝게 할 수 있다. 승진하거나 상을 받았을 때 날아든 꽃이나 축하난은 당사자를 신바람 나게 만들고 조직의 더 큰 성공을 이끌어낸다. 성공 뒤에는 반드시 무엇인가 작지만 소중한 특별함이 숨어 있다."

아무리 어렵고 힘든 목표라도 긍정적인 마인드를 바탕으로 웃음과 열정이 넘치는 조직문화를 갖추고 고객의 신뢰를 얻는다면 이루지 못할 목표는 없다고 생각한다. 그래서 나는 오늘도 웅덩이에 물을 퍼 나르기보다 자연스럽게 물이 흘러들 수 있도록 길을 내는 데 집중한다. 직원들과 마음이 통할 수 있도록 작지만 소중한 특별함을 찾아내는 일을 멈추지 않는다. 그것이 내가 생각하는 소통의 시작이기 때문이다.

자신을
멘토로 만들어라

언론 인터뷰를 할 때마다 빠지지 않고 받는 질문이 있다.
"대표님의 멘토는 누구인가요?"
그때마다 나는 자신 있는 목소리로 이렇게 답한다.
"저 자신입니다."
그러면 어김없이 이런 반응이 돌아온다.
"네? 누구라고요?"

사전을 찾아보면 멘토(mentor)란 현명하고 신뢰할 수 있는 스승이나 지도자를 의미한다. 그래서 멘토라고 하면 흔히 사회적으로 존경받는 인물이나 큰 업적을 이룬 사람을 떠올리게 된다.

그러나 내가 생각하는 멘토의 정의는 좀 다르다. 멘토가 필요한 이유가 지금보다 더 나은 자신을 위해서라면, 나에게 필요한 멘토는 특별한 누군가가 아니라 스스로 부족함을 느끼고 배우고 싶다고 생각하는 내 마음이다. 무식하고 아는 것이 없다고 생각하는 내 마음이 나를 성장시키는 가장 큰 멘토일 수 있다.

은행을 거쳐 증권사에서 일하다가 처음으로 자산운용사에 둥지를 틀면서 나는 스스로 부족함을 많이 느꼈다. 전에는 만들어진 상품을 잘 팔기만 하면 됐지만, 이제는 대표이사로서 새로운 상품 전략과 운영 철학을 제시해야 했기 때문이다. 그 어느 때보다 배움이 절실했다.

나는 고민 끝에 재무관리를 배우기 위해 한성대 경영대학원 박사과정에 들어갔다. 그러나 회사 경영을 책임지는 자리를 맡게 되면서 하루하루가 정신없이 바빴다. 다급한 업무를 처리하다 보면 공부는 늘 뒷전으로 밀렸다. 시작한 공부를 그만두기는 아깝고, 그렇다고 공부에 힘을 쏟자니 업무에 차질이 생길 것 같았다. 어쩔 수 없이 박사과정을 이수하는 것으로 만족하자고 생각했다.

이유가 있었다. 학위를 받으려면 논문을 써야 하고 그러자면 통계학을 배워야 하는데, 수학에는 영 자신이 없었다. 상업학교 시절에는 주로 영어를 공부했고, 석사학위도 경영과 관련된 마케팅이나 인사관리 등을 배우는 MBA 과정이었던지라 수학과는 거리가 멀었다. 꼼수를 부려서 통계학을 피해 논문을 써볼까도 생각했지만 아무래도 무리인 듯싶었다.

하지만 끝내 자존심이 허락지 않았다. 이번 기회에 평생 약점이었던 수학을 뛰어넘고 싶었다. 이왕 시작한 공부이니 제대로 해보고 싶다는 욕심도 생겼다.

쉰 가까운 나이에 고등학교 수학책을 펼쳐 들었다. 용어조차 이해하기가 어려웠다. 특히 미분·적분은 난공불락처럼 느껴졌다. 하는 수 없이 직원들에게 도움을 청했다. 출근 전 이른 아침과 퇴근 후 늦은 저녁 시간을 이용해 통계학을 전공한 직원에게 몰래 과외를 받았다.

그래도 명색이 대표이사인데 한참 나이 어린 직원에게 고등학교 수학을 배우자니 부끄러운 마음이 앞섰다. 하지만 배우기를 좋아하는 사람이라면 아랫사람에게 묻는 것을 부끄럽게 여기지 말아야 한다는 뜻의 고사성어 '불치하문(不恥下問)'을 떠올리며 열심히 배웠다.

그런데 막상 배우고 보니 수학이 그렇게 쉬울 수가 없었다. 어학은 무조건 달달 외워야 하는데, 수학은 공식을 이해하고 그대로 대입만 하면 되기 때문이다. 다른 과목과 달리 책을 펴놓고 시험을 볼 수 있다는 것도 공부의 즐거움을 배가시켰다. 특히 어려운 수학 문제를 풀었을 때의 기쁨은 말로 표현하기 어려울 정도였다. 그렇게 하나둘 배우면서 점점 수학에 자신감이 붙기 시작했다. 그 결과 나는 당당히 박사 학위를 딸 수 있었다. 그것을 계기로 2년간 한성대에서 겸임교수를 맡기도 했다.

부족함을 느끼고 그것을 메꾸기 위해 배우고 싶다고 생각하는 내 마음이 진정한 멘토인 이유가 바로 이것이다. 만약 내가 석사 학위에 만족했다면 박사 학위에 도전하지 않았을 것이고, 나이 50에 수학 따윈 몰라도 된다고 생각했다면 나는 결코 교수 생활을 경험할 수 없었을 것이기 때문이다.

성공 스토리를 들을 때 이렇게 말하는 사람들이 있다.

"그걸 누가 몰라? 뭔가 획기적인 방법을 말해줄 줄 알았더니 별것 없구먼."

이런 사람들은 아무리 좋은 책을 읽고 훌륭한 사람을 만나도 변화가 쉽지 않다. 다 안다고 생각하고 듣지 않고, 이미 충분하다고 생각하고 배우지 않기 때문이다. 안다고 생각하는 마음이 멘토를 밀어내는 것이다.

그러나 아는 것이 없다고 생각하는 사람은 누구를 만나도 큰 깨달음을 얻는다. 아랫사람도 스승으로 삼으니까 남보다 많은 것을 배우게 되고, 아는 것도 다시 들으니까 남들이 듣지 못하는 것도 듣게 되기 때문이다. 모른다고 생각하는 마음이 주변의 모든 것을 멘토로 만드는 것이다.

『법구비유경』에는 이런 말이 나온다.

"곡식을 얻으려면 밭을 갈고 씨를 뿌려야 하고, 큰 부자가 되려면 보시를 행해야 하고, 장수하려면 대자비를 행해야 하고, 지혜를 얻으려면 배우고 물어야 하는 것이다. 이 네 가지 일을 행해야 그 종류에 따라 결과를 얻을 것이다."

'앎'에는 세 가지 단계가 있다. 아는 것을 자랑하는 사람은 하수이고, 아는 것을 가르치는 사람은 중수이고, 아는 것을 배우는 사람은 고수라고 한다. 주변에는 얄팍한 지식을 자랑하며 아는 척하는 사람들이 많다. 그러나 진짜 고수들은 아는 것도 모르는 척하고 배운다. 다른 사람들은 아는 얘기라며 흘려들을 때 진짜 고수들은 그 속에서 한 개든 두 개든 새로운 깨달음을 얻는다. 모르니까 묻고 알아도 다시 배우는 것이 지혜를 얻는 가장 빠른 지름길임을 아는 것이다.

멘토란 저 멀리에 있는 훌륭한 누군가가 아니다. 가장 가까운 곳에 있는 자기 자신이다. 배움에 대한 열정도, 지금보다 더 나아지고 싶다는 욕구도 모두 자기 자신으로부터 시작되기 때문이다.

그래서 나는 멘토의 근원은 자신과의 소통이라고 생각한다. 자기 자신과 통하는 사람만이 다른 사람과 통할 수 있고, 그런 사람만이 누군가를 멘토로 삼을 줄 알기 때문이다.

자기 자신과 소통할 수 있는 사람은 자신을 객관적으로 파악할 수도 있다. 그래서 무엇이 부족하고 무엇을 채워야 하는지 냉정하게 볼 줄 안다. 또 누군가가 자신을 위해 조언하고 비판할 때 이성적으로 판단하고 겸손하게 배우는 마음이 생겨난다. 이렇게 주변 사람들을 모두 자신의 멘토 그룹으로 만드는 것이다.

반면 자신과 소통할 줄 모르는 사람은 자신을 모르기 때문에 남이 말하는 것이 자신이라고 생각한다. 그래서 주변에서 뼈아픈 지적이나 조언을 하면 그것을 자신을 향한 공격이나 감정적인 비난으로 받아들인다. 바로 옆에 훌륭한 사람이 있어도 멘토가 없는 삶을 살아가는 것이다.

중요한 것은 자신을 멘토로 만드는 사람만이 누군가의 멘토가 될 수 있다는 것이다. 최근에 우연히 부활의 리더 김태원 씨가 쓴 『우연에서 기적으로』라는 책을 읽게 됐다. 책을 읽기 전에는 그저 TV 예능 프로그램에서 유명세를 탄 사람이라고만 생각했다. 그래서 별 기대 없이 읽은 것이 사실이다. 그런데 막상 책을 읽어 보니 그게 아니었다.

마약 때문에 감옥에 다녀온 이야기, 자폐증을 앓고 있는 자녀와 소통하는 이야기, 작곡할 때의 이야기 등을 읽으며 그가 얼마나 생각이 깊은 사람인가를 알 수 있었다. '국민 할매'라는 우스꽝스러운 별명 뒤에 숨은 그의 시련과 고통, 그것을 극복하며 얻은 통찰력을 읽을 수 있었다. 그리고 책을 읽다가 다음 글을 읽으며 그가 '국민 멘토'로 불리는 이유를 알 수 있었다.

"본의 아니게 요즘 내가 젊은이들의 멘토 비슷한 존재가 되어 있습니다. 하지만 정작 나는 배움을 갈망하던 그 시절에 멘토가 없었습니다. 그래서 먼 훗날 나 자신이 내가 그리던 멘토가 되기로 했습니다. 스스로 멘토가 되기로 결심한 거죠. 더 이상 누군가는 나처럼 갈망하지 않도록. 멘토가 없다고 탓하지 마시기 바랍니다. 스스로 길을 만들어갈 수도 있습니다."

그는 멘토가 없었다고 했지만 그것은 사실이 아니다. 스스로 멘토가 되기로 한 순간, 그는 이미 가장 훌륭한 멘토를 얻은 것이다. 바로 자기 자신이다. 그렇기에 그는 오늘날 수많은 젊은이의 멘토로 자리매김한 것이다. 세계적인 경영 컨설턴트이자 리더십 전문가인 마셜 골드스미스도 '다른 사람을 키우려면 자신부터 알아야 한다'고 말했다.

누군가의 멘토가 되고 싶다면, 내 주변에 훌륭한 멘토가 많기를 원한다면, 시선을 밖에서 안으로 돌려야 한다. 밖에 있는 훌륭한 것을 내 안에 집어넣기 전에 내 안에 있는 것을 밖으로 끄집어내야 한다.

자신과 소통하는 사람만이 자신을 멘토로 만들 수 있고 훌륭한 멘토를 가질 자격이 있기 때문이다.

성공자산 셋, 돈
돈을 써야 돈을 번다

Power of Positive Thinking

아내는 왜
콩나물국을 엎었을까

어릴 때 집 근처에 있는 둑이 터져서 옆 동네가 물에 잠긴 적이 있었다. 거센 물길을 따라 수박도 떠내려오고 닭도 떠내려오고 돼지도 물에 둥둥 뜬 채로 떠내려왔는데, 어린 마음에 그 모습이 무척 재미있었다. 그래서 어른들이 위험하다고 말리는데도 마치 불구경을 가듯이 물 구경을 가곤 했다. 누군가에게는 큰 불행이었을 텐데, 어린 나에겐 그저 재미있는 구경거리였던 것이다.

최근에 저축은행 사태가 터졌다. 저축은행이 잇달아 시장에서 퇴출당했고, 그 과정에서 많은 사람이 재산 압류를 당하거나 감옥에 갇혔다. 누군가에게는 그것이 재미있는 구경거리 중 하나였을지 모르겠다. 죄를 지었으니 벌을 받는 게 당연하다고 손가락질하는 이들도 있었을 것이다.

그러나 나는 차마 그럴 수가 없었다. 남 일 같지 않아서다. 이번 사건으로 저축은행장을 하던 친구 한 명이 옥살이를 하고 있는데, 사실은 그 친구가 나와 자리를 바꾼 것이었기 때문이다.

1998년 6월 동화은행이 문을 닫고 새로운 직장을 구하고 있을 때다. 실직하고 한 달이 채 되지 않아 제일투자신탁증권(현 하이투자증권)에서 법인영업부장을 맡아달라는 제안이 왔다. 외환위기 직후 대부분의 은행원이 새로운 직장을 구하지 못한 상황이었다. 나는 감사한 마음으로 업무 적응을 위한 연수를 받았다. 그런데 며칠 후 귀가 솔깃한 제안을 받게 됐다. 모 저축은행에서 임원을 거쳐 대표이사 자리를 주겠다고 한 것이다.

만나서 이야기를 들어 보니 조건이 정말 좋았다. 투자신탁증권 회사에서 고위직 임원이 되려면 오랜 시간이 걸릴 텐데, 저축은행에 가면 단번에 가장 높은 행장이 될 수 있었다. 사택으로 좋은 아파트도 제공하고, 운전기사가 있는 고급 자동차도 주고, 연봉도 매우 높았다. 지금이야 투자신탁의 규모가 더 크지만, 당시만 해도 저축은행이 호황기였기 때문에 자산 규모도 비슷하고 대중적인 이미지도 좋았다. 업무 면에서도 낯선 증권사보다는 익숙한 저축은행이 일하기에 더 편할 것 같았다.

더는 고민할 이유가 없었다. 저축은행에 가기로 마음먹었다. 출근 전이었지만 내 이름이 새겨진 명함도 나왔다. 그런데 아내가 우연히 그 명함을 발견하고 따져 묻기 시작했다.

"지금 제일투자신탁증권 회사에서 연수 중이잖아요. 이 명함은 뭐에요?"

"당신 고생 덜 시키려면 여기가 더 좋을 것 같아서. 연봉도 많이 주고 아파트랑 차도 준대. 아이들 공부시키려면 앞으로 돈도 많이 들잖아."

나는 당연히 아내가 좋아할 것으로 생각했다. 갑작스러운 은행 퇴출과 외환위기의 여파로 어렵게 장만한 아파트를 잃고 경제적으로 무척이나 어려운 상황이었기 때문이다. 그런데 현실은 정반대였다. 아내는 화난 표정으로 이렇게 말했다.

"당신은 남의 부탁을 모질게 거절하는 성격이 못 되잖아요. 그런데 어떻게 저축은행에서 일하려고 그래요? 조건이 아무리 좋아도 내 생각에는 지금 연수받는 곳이 당신에게 더 맞을 것 같아요."

"이미 결정한 일이야. 그쪽에도 다음 주부터 출근하겠다고 했어."

"내가 누구보다 당신을 잘 아는데 당신은 거기 가면 안 될 것 같아요. 이번만큼은 내 말을 들어주면 안 돼요? 신중히 다시 한 번 생각해 보세요."

그래도 나는 저축은행에 가겠다고 고집했다. 그러자 아내가 갑자기 팔팔 끓고 있던 콩나물국을 싱크대 세척기에 그대로 엎어 버렸다. 아내가 그토록 화를 내는 모습을 본 적이 없던 터라 순간 당황스럽기도 하고, 아내가 나를 믿어주지 않는 것이 속상하기도 해서 집 밖으로 나와 버렸다. 그런데 걸으면서 가만히 생각해보니 아내 말에 틀린 것이 없었다. 지금까지 함께 살아오면서 아내의 선택은 늘 옳았다.

결국 나는 저축은행을 포기하고 대신 다른 사람을 추천했다. 능력도 뛰어나고 나보다 여러모로 여신 업무에 적격인 친구였다. 실제로 그는 대규모의 매출 신장을 기록하며 은행을 크게 키웠다. 그런데 이번에 저축은행 사태가 터지면서 내가 보기에는 억울하게도 여러 사정으로 최고경영자로서 법적인 책임을 지게 된 것 같다.

만약 그때 내가 아내의 말을 뿌리치고 저축은행에 갔다면 지금쯤 내가 법적인 책임을 지고 있을지도 모를 일이다. 순간의 선택이 평생을 좌우한 것이다.

이 세상에 돈을 싫어하는 사람은 없다. 좋은 집과 좋은 차, 높은 자리를 마다할 사람은 많지 않다. 그러나 내가 이번 저축은행 사태로 깨달은 사실 중 하나는 모든 선택의 갈림길에서 돈이 기준이 되어서는 안 된다는 것이다.

스롤리 블로트닉 연구소는 미국 아이비리그 졸업생을 대상으로 재미있는 실험을 했다. 직업 선택의 기준을 묻고 20년 후 얼마나 많은 돈을 벌었는지 추적 조사한 것이다.

1960년 졸업생 1,500명에게 물어본 결과 대다수인 1,245명(83%)이 '돈을 많이 버는 일'을 직업으로 선택했다고 답했다. 일단은 돈을 벌고, 하고 싶은 일은 나중에 여유가 생긴 후에 하거나 취미로 하면 된다는 것이다. '좋아하는 일'을 직업으로 선택한 사람은 255명(17%)에 그쳤다. 그런데 20년 후 그들의 재산을 조사해봤더니 놀라운 상황이 벌어졌다. 1,500명 중 101명이 억만장자가 됐는데, 그중 1명을 제외하고 100명이 모두 하고 싶은 일을 직업으로 선택한 사람이었던 것이다.

일본에서만 120만부가 팔린 '행복한 부자' 시리즈의 저자 혼다 켄도 비슷한 조사 결과를 내놓았다. 연간 수입이 3천만 엔 이상인 일본의 부자 1000명을 대상으로 '부자가 된 비결'을 물었더니 그들 모두 자신이 좋아하는 일을 직업으로 삼았다고 답한 것이다.

혼다 켄은 그의 책 『20대, 재능을 돈으로 바꿔라』에서 이렇게 말했다.

"마음에 들지 않는 일인데도 성공하기 위해서라면 꾹 참고 견디는 사람들이 있다. 하기 싫은 일이지만 성공으로 가는 과정이라고 스스로 위로하며 매일 같은 일을 반복한다. 그러나 내가 만난 행복한 부자들은 이와는 전혀 다른 삶을 살고 있었다. 그들은 인생의 어떤 시점에서 좋아하는 일을 발견하고 그 일에 매진한 결과 성공을 거두었다. 하고 싶지 않은 일을 하다가 성공을 거두었다는 사람은 단 한 명도 없었다."

일본 오카노 공업의 오카노 마사유키는 1945년 초등학교를 그만두고 아버지가 운영하던 작은 공업사에서 일을 배웠다. 아버지 회사를 물려받을 당시 금형과 프레스는 모두가 기피하는 3D 업종이었다. 그러나 쇠를 만지는 기술에 매료된 그는 다른 사업을 해보라는 주변의 충고를 뿌리치고 자신의 이름을 따서 오카노 공업을 세운다. 필요한 지식과 기술을 하나하나 독학으로 익히고 밤낮으로 기술 개발에 매달렸다.

그 결과 그는 전 세계가 인정하는 기술 장인이 됐다. 자체 기술로 리튬이온전지 케이스를 개발해 지금의 휴대폰 소형화를 이끌었고, 가장 가느다란 '무통 주사바늘'을 만들어 전 세계의 주목을 받았다.

2001년에는 NASA 우주선에 쓰이는 티타늄 소재를 만들었으며, 미국방부의 전투기 부품을 만들기도 했다.

일본 언론은 오카노 마사유키를 '부르는 게 값인 초일류 하청업자'라고 평한다. 세계적인 대기업은 물론이고 최고의 기술력을 자랑하는 NASA까지 공동 특허를 인정할 만큼 독보적인 기술을 보유하고 있기 때문이다. 실제로 오카노 공업은 전 직원이 6명밖에 안 되는 미니 기업이지만, 매년 6억 엔(약 87억 원)을 훌쩍 넘는 돈을 벌어들이고 있다.

그는 성공을 원하는 젊은이들에게 이렇게 충고한다.

"누구에게나 특별히 좋아하고 가장 하고 싶은 일이 있을 것이다. 그것이 바로 자신이 해야 하는 일이다. 현실적으로 이것저것 재다보면 혼란만 가중된다. '마음 가는 대로' 하는 것이 가장 현명한 선택일 때가 많다."

이들 사례가 말하는 것은 하나다. 돈을 벌려고 하는 사람보다 돈과 상관없이 자기 일을 좋아하는 사람이 부자가 될 확률이 더 높다는 것이다. 자신이 좋아하고 잘하는 일을 하니까 일을 즐기게 되고, 그 일이 남까지 기쁘게 하다 보니 자연스레 많은 돈을 벌게 된다는 것이다.

차동엽 신부가 쓴 책 『잊혀진 질문』에는 이런 글이 나온다.

"무슨 일을 하든지 그 자체를 즐겨라.

배를 곯을지언정 의미 없는 일은 하지 마라.

돈만을 위하여 일하는 사람은 영혼을 잃기 쉽다.

명예를 구하여 일하는 사람은 기쁨을 잃기 쉽다.

권세를 탐하여 일하는 사람은 친구를 잃기 쉽다.

자기가 사랑하는 일을 하고, 일을 위하여 일하라.

그러면 나머지 것들은 저절로 따라올 것이다."

돈에 관심이 없으면 돈을 벌 수 없다. 하지만 맹목적으로 돈을 쫓아가도 돈을 벌지 못하는 것은 마찬가지다. 자신이 좋아하고 잘하는 일을 선택하는 것, 그것이 돈이 저절로 따라오게 하는 방법이다.

돈 앞에 공평한
심판자가 되라

2001년 증권회사로 자리를 옮기면서 두 가지 변화가 생겼다. 하나는 이사에서 상무로 승진한 것이고, 다른 하나는 계약직으로 일하게 된 것이다. 당시만 해도 외환위기의 여파가 남아있던 때라 대다수의 증권사에서 정규직보다는 계약직을 선호하는 분위기였다. 나로선 직장생활에서 처음으로 프리랜서 생활을 하게 된 셈이었다.

계약직 임원에게는 두 가지 권한이 주어졌다. 하나는 내가 원하는 사람들을 모아 팀을 구성할 수 있다는 것이고, 다른 하나는 함께 일하는 직원들의 급여를 내 마음대로 정할 수 있다는 것이었다. 물론 그에 못지않게 위험 부담도 컸다. 정해진 정기급여가 없고 실적에 따라 성과급을 받기 때문이다. 조직 구성에 전권을 가지되 실적만큼 돈을 받는 철저한 능력제였던 것이다.

다행히 성적은 나쁘지 않았다. 모두가 열심히 뛰어준 덕분에 우리 팀의 실적은 나날이 올라갔고 그만큼 성과급도 늘어갔다. 문제는 성과급을 어떤 기준으로 나눌 것이냐에 있었다. 나는 선배들에게 조언을 구했다. 당시 나처럼 계약직 형태로 팀을 이끄는 사람들이 여럿 있었다. 그들의 답변은 한결같았다.

"고민할 것 있습니까? 상무님이 절반을 가지시고 나머지는 직급에 따라 나눠주면 되죠. 다들 그렇게 합니다. 그게 관행이니까요."

하지만 내 생각은 달랐다. 아무리 관행이라고 해도 모두가 함께 노력해서 얻은 것을 상사라는 이유로 더 많이 가져가는 것은 내 상식으로 도저히 납득할 수 없는 일이었다. 앞으로도 계속 높은 실적을 기록하려면 무엇보다 팀워크가 중요했다. 그래서 나는 새로운 기준을 만들었다. 내가 정한 성과급 배분 비율을 편의상 알파벳으로 표기하면 다음과 같다.

A : 22% (팀장)

B : 21%

C : 20%

D : 19%

E : 18%

기본 경비를 제외한 나머지를 100%라고 할 때, 평균 20%를 기준으로 최상급자가 2%를 더 받고 최하위자가 2%를 덜 받도록 했다. 팀으로 이룬 성과인 만큼 모두가 공평하게 나눠 갖되, 직급이나 경력을 고려해 최소한의 차이를 둔 것이다.

내가 가져가는 몫은 다른 부서 팀장들에 비하면 확연히 적었다. 하지만 그것은 일시적인 현상에 불과했다. 실적이 높아지는 만큼 자기가 가져가는 몫도 커지는 구조가 확립되자 팀원 모두가 하나가 돼서 최고의 팀워크를 발휘했다. 그 결과 증권시장에서 '최고의 강팀'이라는 찬사를 들으며 기대 이상의 실적을 올렸다. 당연히 성과급 규모는 나날이 커졌고, 나는 얼마 지나지 않아 성과급의 절반을 가져가는 다른 팀장들보다 더 많은 돈을 받을 수 있었다. 공평한 나눔이 더 큰 이익으로 이어진 것이다.

어쩌면 누군가는 이렇게 말할지도 모른다. 개인마다 일을 해내는 능력이 다르고, 능력이 다르니까 일의 결과도 다를 것이고, 그렇다면 그 차이에 따라 보상하는 것이 합리적인 배분이 아니냐고 말이다. 실적에 따라 성과급을 받는 것처럼 팀원들 역시 실적에 따라 분배받는 것이 공평하다고 말이다.

하지만 나는 생각이 다르다. 아무리 능력이 뛰어나도 개인이 얻을 수 있는 일의 결과는 한정되어 있다. 개인의 능력보다 중요한 것은 함께 일하는 능력이다. 아무리 뛰어난 개인도 똘똘 뭉친 팀을 이길 수는 없기 때문이다.

20세기 최고의 경영자로 꼽히는 잭 웰치는 "내 성공의 10%는 비할 데 없이 왕성한 개인의 진취적 태도에 의한 것이고, 나머지 90%는 모두 강력한 나의 팀에 의한 것이다."라고 말했다. 탁월한 성공은 개인의 능력이 아니라 강력한 팀워크에서 나온다는 것이다. 내가 성과급 배분에서 평균에서 아래위로 2%의 차이만을 둔 것은 그래서다. 같은 팀원끼리 일한 결과에 따라 받는 돈이 차이가 크면 그 팀은

'제로섬(zero-sum) 게임'을 피할 수 없다. 서로 더 많은 몫을 차지하기 위해 같은 팀 안에서조차 불필요한 경쟁과 소모적인 갈등을 벌이게 되는 것이다. 그러나 일의 성과를 공평하게 나누면 게임의 결과는 '윈-윈(win-win)'이 된다. 하나의 파이를 두고 아웅다웅 다투는 대신, 더 큰 파이를 얻기 위해 서로 힘을 합하는 팀워크가 생기는 것이다.

2%의 차이는 팀의 리더라도 예외가 있어선 안 된다. 팀의 리더가 자신의 직책을 앞세워서 더 많은 돈을 가져가면 팀원들은 자신이 상대적으로 적은 돈을 받고 있다고 생각하게 된다. 열심히 일해서 파이를 키워도 자신이 받는 몫은 크게 늘지 않으니까 일에 대한 열정이 생기기 어렵다. 결과적으로 파이 자체가 작아지고 팀 전체가 손해를 보게 된다.

그러나 팀의 리더가 자청해서 팀원들과 똑같은 몫을 가져가면 팀원들은 자신이 더 많이 받고 있다고 생각한다. 그 생각은 일종의 '마음의 빚'으로 쌓이게 되고, 의식적 또는 무의식적으로 그 빚을 갚아야겠다는 생각으로 이어져 더욱 강력한 팀워크를 발휘하게 한다. 그만큼 파이의 크기는 커지고 팀 전체가 가져가는 몫도 늘어난다. 팀의 리더가 돈에 대한 욕심을 버리는 만큼 돈을 벌 기회가 더 많아지는 것이다.

결국 중요한 것은 돈이 아니라 사람이다. 내가 더 많이 가지기 위해 욕심을 부리면 사람도 도망가고 돈도 도망가지만, 돈보다 사람을 더 욕심내면 사람을 얻게 되고 그 사람이 더 많은 돈을 가져다준다. 돈과 사람을 따로 생각해선 안 되는 것이다.

물론 돈을 싫어하는 사람은 없다. 누구나 남보다 많은 돈을 가지길 원한다. 그러나 나에게 돈이 귀중하듯이 다른 사람에게도 돈은 귀중하다. 그래서 나는 돈에 대한 욕심이 앞설 때마다 '작은 호주머니'를 떠올린다.

호주머니가 크면 돈이 많아도 많은 것을 모른다. 공간만큼 돈을 더 채워야 한다는 생각밖에 들지 않는다. 그러나 호주머니 크기를 줄이면 적은 돈에도 쉽게 만족한다. 채워야 한다는 부담이 없으니까 다른 사람과 나누는 것에 인색하지 않게 된다. 자연스럽게 돈에 대한 객관적인 시각과 공평하게 나누는 미덕이 생기는 것이다.

공평한 나눔은 남을 기쁘게 한다. 남을 기쁘게 하는 일은 덕을 쌓는 일과 같다. 덕을 많이 쌓을수록 더 많은 사람이 따르게 되고, 사람을 많이 얻으면 성공의 기회도 많아지게 된다. 돈의 선순환이 이뤄지는 것이다.

나는 얼마 전 회사 직원들에게 이렇게 말했다.

"노아는 홍수가 날 것을 대비해 모든 종류의 동물들을 한 쌍씩 배에 태웠습니다. 그 덕분에 인류의 멸종은 막을 수 있었지만 선택받지 못한 동물들은 물길에 휩쓸려 생명을 잃어야 했습니다. 노아의 방주는 최선의 선택일 수는 있지만, 최고의 선택은 아닙니다. 누구는 살리고 누구는 죽이는 것은 옳은 선택이 아닙니다. 저는 더 큰 배를 만들겠습니다. 지금보다 더 힘들고 어려운 일들이 닥쳐오더라도 저는 단 한 사람의 낙오자도 없이 다 함께 가는 길을 택하겠습니다. 그것이 저의 믿음이고 원칙입니다."

다 함께 가려면 더 갖고 싶은 욕심을 내려놓는 용기가 필요하다. 함께 일하는 사람들과 성과를 고루 나누는 지혜를 가져야 한다. 거대한 배가 단 한 명의 낙오자도 없이 안전하게 목적지에 도착하는 방법은 리더가 돈 앞에서 공평한 심판자가 되는 것이다.

전 세계에서 세 번째로 많은 돈을 가지고 있는 미국의 주식투자가 워런 버핏에게 어느 날 13살 중학생이 이렇게 물었다.

"성공이 뭔가요? 어떻게 하면 성공할 수 있나요?"

그러자 버핏은 이렇게 답했다.

"사랑받고 싶은 사람들에게 사랑받는 것이 성공이란다."

돈이 아니라 사람이다. 돈보다 사람 욕심을 내야 한다. 그것은 돈 앞에 공평한 심판자가 되는 것이다. 그럴 때 사람도 돈도 우리의 친구가 되어줄 것이다.

개평에 숨어 있는
필승의 비밀

　사회생활을 하다 보면 간혹 골프나 고스톱 내기를 하게 될 때가 있다. 그럴 때 결과는 둘 중 하나다. 돈을 따거나 혹은 잃는 것이다. 돈을 따면 기분이 좋다. 이겨서 좋고 돈이 생겨서 기쁘다. 반대로 적은 돈이라도 잃으면 기분이 썩 좋지 않다. 졌다는 억울함과 함께 잃은 돈이 아깝다는 마음이 겹치기 때문이다. 그래서 우리나라에는 아주 오래전부터 이어져 온 미풍양속인 '개평'이 있다. 개평은 내기에서 돈을 딴 사람이 잃은 사람에게 딴 돈의 일부를 되돌려주는 것을 말한다. 나는 이 개평에 '영원한 승자'가 되는 방법이 숨어 있다고 생각한다.

　내기에서 돈을 따고 그대로 뒤돌아선다고 해보자. 잃은 돈이 많을수록 '내 돈 다 가져가서 얼마나 잘되나 두고 보자'는 생각이 커지기 마련이다. 심한 경우에는 '그놈은 피도 눈물도 없어. 절대로 가까이

하지 마'라며 주변 사람들에게 감정 섞인 말을 전하기도 한다. 돈을 얻은 대신 사람도 잃고 평판도 잃게 되는 경우가 생길 수 있다.

그런데 진 사람에게 딴 돈의 절반을 되돌려주면 어떻게 될까. 그러면 진 사람은 비록 내기에선 졌지만 금전적인 손해가 적어지니까 분한 마음이 조금은 풀린다. 마음에 여유가 생기니까 결과를 인정하게 되고, 상대의 배려에 감사한 마음이 생기기도 한다. 돈도 얻고 사람도 얻는 일거양득의 결과를 얻게 되는 것이다.

인생은 늘 경쟁의 연속이다. 죽기 아니면 살기, 잔인한 흑백논리가 우리의 삶을 지배하고 있다. 생존경쟁을 영어로 'struggle for existence'라고 하는 이유도 인간이란 계속 존재하기 위해 끊임없이 싸우는 존재이기 때문이다. 경쟁이 치열할수록 이길 확률은 낮아진다. 모든 경쟁에서 늘 승자가 될 수는 없다. 하지만 영원한 승자가 되는 아주 간단한 방법이 있다. 바로 내가 손해 보는 선택을 하는 것이다.

증권회사에 몸담고 있을 때다. 2003년에 'S기업 사태'가 터졌다. 유명한 분식회계 사건인데, 이 때문에 S기업 회사채에 투자한 투자자들이 막대한 손해를 입었다.

우리 회사도 예외가 아니었다. 회사에서 투자했던 S기업 관련 종목이 일제히 폭락한 것은 물론이고, 우리 회사를 통해 채권형 펀드에 가입한 고객들이 상당한 손실을 보게 되면서 한꺼번에 환매를 요구하고 나섰다. 하지만 회사 입장에선 갑자기 큰 규모의 돈을 내어주기 어려웠고, 그 과정에서 여러 가지 문제가 발생했다. 하루가 멀다고 고객들의 민원이 쏟아졌다. 물론 법적으로는 회사가 져야 할 책임이 없었다. 만약 고객들이 소송을 내더라도 분쟁 조정을 통해 배상 없이 해결할 수 있는 사안이었다.

그러나 내 생각은 달랐다. 고객의 처지에서 따져보니 분명 억울한 측면이 있었다. 환매 과정에서 모든 고객에게 공평한 손실 분담이 이루어지지 않을 수 있기 때문이다. 그래서 나는 고민 끝에 손실을 본 고객들에게 손해배상을 해주기로 했다. 당시 우리 팀이 인센티브로 받기로 한 돈이 상당히 큰 금액이었는데 그 돈을 포기하기로 한 것이다.

물론 갈등이 없었던 것은 아니다. 당시 몇십억 원이면 평생 먹고 살 수 있을 정도로 큰돈이었다. 더구나 갑자기 생긴 일확천금이 아니고 그동안 우리 팀이 열심히 일해서 정당하게 받은 돈이었기에 아깝다는 생각이 든 것도 사실이다.

더 큰 문제는 회사와의 관계였다. 내가 나서서 고객들에게 손해배상을 해주면 대외적으로 회사가 잘못을 인정하는 것으로 비칠 수 있었다. 최악의 경우 회사를 그만둬야 하는 상황이 생길 수도 있을 만큼 위험한 선택이었다. 하지만 나의 결론은 하나였다. 고객과의 신뢰를 지키는 것. 그것이 나에게는 다른 무엇보다 중요했다.

힘들겠지만 돈은 나중에 다시 벌 수 있을 것이다. 어렵겠지만 직장도 다시 구할 수 있을 것이다. 그러나 고객과의 신뢰는 한번 잃으면 되찾기가 어렵다. 신뢰는 단순히 돈으로 살 수 있는 것이 아니기 때문이다. 멀리 보면 돈이나 직장보다 신뢰를 지키는 것이 나 개인은 물론이고 회사 차원에서도 더 남는 셈법이라고 생각했다.

결과는 어땠을까? 다행히 회사에서 내 제안을 받아들여 줬고, 덕분에 민원 문제를 원만하게 해결할 수 있었다. 가장 큰 소득은 고객들과의 신뢰를 지킨 것이었다. 그 사건 이후 상당수 고객이 우리 회사를 믿고 계속 거래를 이어준 것이다. 덕분에 우리 회사는 타사에 비해 비교적 빨리 위기를 극복할 수 있었다.

세상의 원칙은 간단한 것 같다. 남보다 더 많은 것을 가지려고 하고 지금 손에 쥔 것을 지키려고 하면 남들과 싸워야 한다. 싸워서 이겨야 한다. 그러나 먼저 양보하고 손해를 선택하면 싸우지 않아도 된다. 중요한 것은 싸우지 않고도 이길 수 있다는 것이다. 당장은 잃는 것 같지만 결국 나중에는 더 큰 것을 얻게 되기 때문이다. 사람들은 이것을 지혜라고 부른다.

2005년 유리자산운용 대표이사를 맡게 됐다. 그때 나는 대표이사 제안을 받아들이면서 한 가지 조건을 내걸었다. 기준 이상의 실적을 올릴 때마다 인센티브를 달라는 것이었다.

다행히 회사는 순항을 거듭했고, 2년 만에 수탁액이 기존 8,300억 원에서 3조 4,000억 원으로 4배 이상 뛰어올랐다. 기대 이상의 성과에 주주들도 깜짝 놀랄 정도였다. 덕분에 나는 두 달에 한 번꼴로 인센티브를 받게 됐다. 그리고 나는 그 돈을 직원들에게 상여금 형태로 모두 되돌려줬다.

그때 직원들의 반응은 '놀라움' 그 자체였다. 내가 오기 전까지 회사가 문을 열고 8년 동안 단 한 번도 상여금을 받은 적이 없었던 것이다. 처음으로 상여금을 받는 기쁨에 더하여 액수도 적지 않았으니 놀라는 것도 무리는 아니었다. 실제로 취임 첫해 가장 적은 상여금을 받은 직원이 월급 기준으로 530% 정도였다.

나는 여기서 멈추지 않고 회사가 성장하는 만큼 매년 직원들의 월급을 올려줬고, 그에 따라 상여금도 큰 폭으로 늘렸다. 열심히 노력한 만큼 보상해주는 것, 그것이 내가 생각하는 직원들과의 신뢰를 지키는 방법이었기 때문이다.

솔직히 회사에 출근하고 얼마간은 대부분 직원이 나를 향해 '저 사람을 정말 믿고 따를 수 있느냐?'라는 의심의 눈길을 보냈다. 새로 대표가 부임할 때마다 안 좋은 일을 겪었던 터라 미리 회사를 떠나는 직원들도 적지 않았다.

그러나 내가 먼저 양보하고 진심을 보여주자 회사 분위기는 180도 달라졌다. 가장 먼저 직원들의 눈빛이 살아나기 시작했다. 자기 업무에 대한 자부심과 더 잘하고 싶다는 의지가 높아진 것이다. 그 결과 하늘로 치솟던 이직률이 눈에 띄게 줄어들었고, 우리 회사에서 근무하고 싶다는 사람들이 많아졌다.

실적이 크게 늘고 언론에서 주목을 받게 되자 회사를 자랑스럽게 생각하는 직원들도 늘어갔다. 가끔 직원의 가족들이 감사 편지를 보내오기도 했다. 간혹 회사가 위기에 처할 때도 있었지만, 직원들이 하나로 똘똘 뭉친 덕분에 빠른 시일 내에 극복할 수 있었다.

사실 인센티브 계약은 나와 회사가 일대일로 한 것이므로 나 혼자 차지해도 아무 문제가 없었다. 만약 그때 내가 돈을 선택했다면 지금쯤 부자가 됐을지도 모를 일이다. 그러나 나는 돈을 선택하지 않은 덕분에 돈보다 더 큰 것을 얻을 수 있었다. 직원 모두가 '할 수 있다'는 믿음을 얻었고, 돈으로는 결코 얻을 수 없는 신뢰를 받게 된 것이다. 운용자산이 1조 원도 안 되던 회사를 단 4년 만에 4조 원대 운용사로 성장시킬 수 있었던 힘은 순전히 직원들의 신뢰가 있었기 때문이다. 결과적으로 적은 돈을 손해 보고 더 큰돈을 번 것이다.

중국의 관리경영 전문가 쑤춘리가 쓴 『이기는 사람들의 게임의 법칙』에는 이런 이야기가 나온다.

"모래와 돌을 파는 가게가 있었다. 이곳 주인은 제대로 배우지도 못했고 후원자도 없었지만 그의 가게는 언제나 문전성시를 이루었다. 비결은 하나였다. 동업자들과 이익을 배분할 때 자신의 몫을 늘 조금만 챙긴 것이다. 그래서 그와 함께 일해 본 사람은 모두 계속해서 그와 일하길 원했고, 다른 사람을 소개해주는 때도 많았다. 그 결과 그는 큰 부자가 될 수 있었다. '티끌 모아 태산'이라는 말이 있듯이, 자기 몫을 적게 챙긴 대신 자신에게 투자하는 사람들과 자신의 가게를 찾는 고객들이 계속 늘어나면서 많은 돈을 벌 수 있었던 것이다."

손해를 선택하면 당장은 잃는 것이 많을지 모른다. 하지만 한 번의 큰 손해를 감수하면 그것이 믿음과 신뢰로 이어져 나중에는 더 큰 성공을 가져온다. 내가 먼저 양보하고 내가 손해 보는 선택을 하는 것, 그것이 지금의 치열한 생존경쟁 시대에서 영원한 승자로 사는 방법이 아닐까?

논어와 주판을
동시에 잡아라

초등학교 저학년 때 어머니께서 이발소에 다녀오라며 얼마의 돈을 주셨다. 그런데 어쩌면 그렇게 계산이 정확하신지, 에누리없이 딱 이발 가격이었다. 어린 마음에 군것질은 하고 싶고, 그렇다고 이발을 안 하자니 혼날 것 같고, 이발소로 가는 발걸음이 얼마나 무거웠는지 모른다.

그러다가 재미난 광경을 목격했다. 길가에 어른들이 둘러앉아 화투놀이 게임을 하고 있었는데, 그걸 맞추는 사람에게 건 돈의 두 배를 주는 것이다. 어른들 틈에 끼어서 몇 번을 지켜봤는데 어린 나도 다 맞출 만큼 간단한 게임이었다.

'이거다!'

나는 주저 없이 확신을 한 곳에 이발비 전부를 걸었다. 의심의 여지가 없었다. 실제로 나 말고도 아저씨 여럿이 같은 곳에 돈을 걸었다. 나는 돈을 받자마자 가게로 뛰어가 과자를 사 먹을 생각에 입속 가득 침이 고였다. 그런데 아니었다. 내 예상은 빗나갔고, 나는 이발비를 모두 잃고 말았다. 몇 번은 져주고 사람들이 돈을 많이 걸 때 속임수를 써서 돈을 잃게 하는 것이 이 게임의 전형적인 수법이라는 것을 몰랐던 것이다.

한순간에 돈을 잃은 나는 변명거리를 생각해내느라 해가 질 때까지 거리를 쏘다녔다. 어린아이가 노름판에서 돈을 잃었다고 하면 엄청나게 혼날 것이었다. 어떻게든 이 상황을 모면해야 했다. 집에 들어서자마자 어머니가 물었다.

"왜 머리가 그대로야?"

"돈을 잃어버렸어요."

"바른대로 얘기해. 돈 어떻게 했어?"

바른대로 말하면 맞을 것이 분명했다.

"정말 잃어버렸어요."

나는 계속 거짓말을 했고, 어머니는 절대 믿지 않으셨다.

"바른말을 할 때까지 집에 들어올 생각도 하지 마."

한참 동안 밖에서 울면서 벌을 섰다. 그러면서 이런 생각이 들었.

'남의 돈을 탐내면 이렇게 벌을 받는 거구나. 남의 돈을 가지려고 속임수를 쓰는 건 나쁜 짓이구나. 돈을 번다는 게 쉬운 일이 아니구나.'

그리고 다짐했다. 다시는 도박을 하지 않겠다고 말이다. 직장생활을 하며 동료가 혹시나 하는 마음에 복권 한 장을 살 때도 나는 늘 열외였다. 10년 전쯤 강원랜드에 근무하는 후배의 초대로 카지노에 갔을 때도 예의상 3만 원을 잃은 후 바로 돌아섰다. 후배가 이왕 온 김에 더 놀다 가라고 붙잡았지만 나는 '도박에는 관심 없다'고 말하고 발길을 돌렸다. 어릴 때 노름판에서 속아본 경험이 돈에 대한 생각을 완전히 바꿔놓은 것이다.

은행에 들어가고 돈을 다루는 일을 하면서 이런 내 생각은 더욱 확고해졌다. '돈은 정직하게 벌어서 정당하게 써야 한다'는 나름의 신념을 갖게 된 것이다.

내가 만나는 사람마다 자주 선물하는 책이 있다. '일본 자본주의의 아버지'로 불리는 시부사와 에이치가 쓴 『논어와 주판』이다. 이 책이 말하는 메시지는 하나다. 정당한 방법으로 얻지 않은 돈은 영원할 수 없다는 것이다. 다시 말해 정당한 방법으로 돈을 벌어야 그 돈이 오래갈 수 있다는 것이다.

돈에 대한 사람들의 태도는 무척이나 이중적이다. 돈을 좋아하면서도 부자들은 경멸한다. 부자가 되고 싶으면서도 '돈은 천한 것'이라는 생각에서 자유롭지 못하다. 겉으로는 부자를 욕하고 속으로는 부자를 동경하는 모순이 우리를 지배하고 있다. 많은 사람은 돈을 향한 이중 잣대의 유래를 공자의 말에서 찾는다.

"부귀는 모든 사람이 바라는 것이지만 정당한 방법으로 얻은 것이 아니라면 부귀를 누리지 말아야 한다. 빈천은 모든 사람이 싫어하는 것이지만 정당한 방법으로 버는 것이 아니라면 벌지 말아야 한다."

"부가 만약 추구해서 얻을 수 있고 떳떳한 것이라면 비록 말채찍을 잡고 임금의 길을 트는 천한 일이라도 나는 하겠다. 하지만 구해서 부당한 것이라면 내가 좋아하는 바를 하겠다."

사람들은 이 말을 근거로 공자가 '부귀=악'이라고 보았다고 해석한다. 부귀는 정당한 방법으로 얻기가 어렵고 떳떳한 것이 아니므로 나쁜 것이고, 공자 스스로 청빈한 삶을 산 것도 부귀가 옳지 않기 때문이라는 것이다. 그러나 시부사와 에이치는 이렇게 말한다.

"단언컨대 공자는 결코 부귀를 경시하지 않았다. 그는 어긋난 부는 단념하는 것이 좋지만, 꼭 가난해야 한다고는 말하지 않았다. 정당한 방법으로 얻은 부귀라면 전혀 부끄러워할 필요가 없다는 것이 공자의 뜻이다."

그는 이러한 논리를 바탕으로 도덕과 경제의 합일설을 주장한다. 한 손에는 건전한 부의 윤리를 강조하는 『논어』를, 다른 한 손에는 부의 축적을 의미하는 '주판'을 들고 당당하게 경제활동을 하라는 것이 그의 책 『논어와 주판』의 핵심 메시지다. 한마디로 윤리와 도덕에 기반을 두지 않은 부는 절대로 지속 가능할 수 없다는 것이다.

'제2의 경제 대공황'이라 불리는 2008년 글로벌 금융위기를 대표적 사례로 꼽을 수 있을 것이다. 미국의 투자은행들은 성장세를 유지하기 위해 상환 능력이 없는 저소득층에게 마구잡이식으로 서브프라임 모기지(비우량 주택담보대출)를 해줬다. 그러나 최장 30년의 장기 대출인 모기지로는 당장 원금과 이자를 회수할 수 없었다. 그래서 월가의 은행들은 당장 돈을 벌기 위해 모기지를 매매 가능한 증권으로 전환했고, 이러한 파생 상품들은 불티나게 팔렸다.

하지만 부동산 시장 침체로 금리가 대폭 오르면서 이자 부담이 커진 저소득층이 돈을 제때 갚지 못하게 됐다. 이 때문에 파생 상품들이 허공으로 사라졌고, 리먼 브러더스를 포함한 미국의 대형 투자은행이 파산하게 된다. 미국의 금융위기는 삽시간에 전 세계 금융위기로 이어졌고, 2009년 전 세계가 입은 손실액은 1조 4,000억 달러에 달했다.

2008년 금융위기의 가장 큰 원인은 과도한 욕심이라고 할 수 있다. 정당하지 않은 방법으로 많은 돈을 벌려고 하다가 생긴 결과이다. 돈을 갚을 수 없는 사람들에게 돈을 빌려주고, 그 부실한 자산을 이용해 파생 상품을 만들어서 이득을 챙기려 한 탐욕이 결국 제2의 경제 대공황으로 불릴 만큼 전 세계적으로 엄청난 파문을 불러온 것이다. 그것은 어떤 금융공학으로 포장하더라도 사기꾼의 발상에 지나지 않는다.

인과응보라는 말이 있다. 좋은 일에는 좋은 결과가 따르고, 나쁜 일에는 나쁜 결과가 따른다는 말이다. 정당하지 않은 방법으로 돈을 벌 수는 있다. 실제로 리먼 브러더스는 파생 상품으로 막대한 이득을 챙겼다. 그러나 오래가지는 못한다. 수많은 파생 상품이 단번에 휴짓조각으로 변한 것이 그 증거다. 다른 사람에게 피해를 주면서 얻은 돈은 일시적인 것에 불과하다. 부자가 될 수는 있으나 부를 지킬 수는 없다.

옛말에 '부불삼대 권불십년(富不三代 權不十年)'이라는 말이 있다. 부자는 3대를 잇기 어렵고, 권력은 10년을 유지하기 어렵다는 뜻이다. 하지만 예외도 있다. 경주 최 부자 집은 무려 12대에 걸쳐 약 300년 동안 부를 지켰다. 그 비결은 다음의 여섯 가지 가훈을 세우고 이를 철저히 지켰기 때문이다.

첫째, 과거를 보되 진사 이상의 벼슬은 하지 마라. 둘째, 재산은 만석 이상 지니지 말고 만석이 넘으면 사회에 환원하라. 셋째, 과객(손님)을 후하게 대접하라. 넷째, 흉년에는 남의 땅을 사지 마라. 다섯째, 며느리들은 시집와서 3년 동안 무명옷을 입어라. 여섯째, 사방 백 리 안에 굶어 죽는 사람이 없게 하라.

최 부자 집은 남의 불행을 이용해 부를 축적하지 않았기 때문에 오랜 세월 동안 부를 지킬 수 있었다. 또한 어느 정도 이상의 재산은 사회에 모두 환원했기 때문에 사람들로부터 존경받는 부자가 될 수 있었다. 정당하게 벌고 바르게 쓰는 돈의 철학이 지속적인 부의 비법이다.

돈이 돈을 벌게 해야
돈을 번다

미국에는 '유대인이 있는 곳에는 반드시 돈이 있다'는 말이 있다. 유대인은 세계 인구의 0.2%에 불과하지만 경제적인 영향력은 상상을 초월한다. 세계 100대 기업의 42%가 유대인의 소유이며, 글로벌 억만장자도 무려 30%에 달한다고 한다.

미국의 가장 큰 재벌인 록펠러 가문, 세계 최대의 반도체 회사인 인텔의 앤드루 그로브 회장, 마이크로소프트사의 창업자 빌 게이츠, 애플 창업자 스티브 잡스 등이 대표적인 유대인 기업가들이다. 글로벌 에너지 전쟁을 주도하는 엑슨모빌과 로열더치셸 등 거대 에너지 기업의 주인도 유대인이고, AP · 로이터 · AFP 등의 통신사, 뉴욕타임스 · 월스트리트저널 등 신문사, NBC · ABC · CBS 등 거대 방송사도 모두 유대인이 설립했거나 운영하고 있다.

특히 금융 분야에서의 활약이 돋보이는데, 세계 금융을 움직인다는 평가를 받는 로스차일드 가문이 대표적이다.

로스차일드 가문은 18세기 이후 약 250년간 유럽 금융업계를 쥐락펴락해온 유대계의 거대 금융 가문으로, 뱅크오브아메리카와 유럽연방은행의 절대적 대주주이며 국제통화기금에도 상당수의 지분을 보유하고 있다. 금융 전문가들은 로스차일드 가문의 재산을 세계적 부호 빌 게이츠의 재산 5,000억 달러(약 564조 원)보다 1,000배 이상 많을 것으로 추정하고 있다.

JP모건체이스와 메릴린치 골드만삭스 등 미국 월가를 움직이는 대형 금융기관의 설립자도 유대인이다. 이외에도 투자의 대부로 통하는 워런 버핏, 헤지펀드계의 대부로 꼽히는 조지 소로스, 미국 연방준비제도이사회(FRB) 전 의장인 앨런 그린스펀과 현 의장인 벤 버냉키도 유대계다.

그렇다면 절대적으로 숫자가 적은 유대인이 막대한 부와 세계적으로 뛰어난 경제적 영향력을 갖게 된 비결은 무엇일까? 그 답은 철저한 경제교육에 있다.

유대인들은 아이가 세 살이 될 때부터 꾸준하게 돈의 중요성과 관리하는 방법을 가르친다. 13세가 되면 '바르 미츠바(Bar Mitzvah)'라는 성인식을 치르는데, 이때 부모와 친척들이 하객으로 참석해 축의금을 전해준다. 우리나라의 돌잔치를 떠올리면 이해가 쉽다. 다른 점이 있다면 축의금을 부모가 갖는 대신 자녀에게 주고, 앞으로 자녀의 경제적 자립을 위해 스스로 돈을 관리하고 늘리는 방법을 터득하도록 한다는 것이다.

수천 년에 걸쳐 내려온 유대교의 율법서 탈무드에도 '돈을 버는 방법'이 담겨 있다. 크게 두 가지로 요약하면 이렇다. 하나는 돈을 버는 사람보다 돈을 모으는 사람이 부자가 된다는 것이고, 다른 하나는 돈이 돈을 벌게 하라는 것이다.

사람들은 흔히 많은 돈을 벌어야 부자가 된다고 생각한다. 하지만 아무리 돈을 많이 벌어도 지출 규모가 크면 부자가 될 수 없다. 돈을 버는 것도 중요하지만, 지출 규모를 줄여서 번 돈을 유지하고 관리해야 장기적으로 부를 축적할 수 있다. 실제로 부자들은 쓸데없는 곳에 돈을 쓰지 않는다. 소득보다 적게 쓰는 것이 재산 축적의 기본임을 알기 때문이다.

영국의 역사학자이자 정치학자인 파킨슨 교수는 부자가 되는 방법에 대해 이렇게 말했다.

"소득이 많은 사람이 부자가 되는 것은 아니다. 그들은 소득에 따라 씀씀이도 늘어나기 때문이다. 소득이 낮아도 지출을 통제해서 소득의 일정 부분을 저축하면 누구나 부자가 될 수 있다."

미국의 부자 연구가인 스탠리 박사도 1,000명에 달하는 미국의 백만장자를 인터뷰해서 쓴 책 『이웃집 백만장자』에서 부자가 되는 비결로 '절약'을 꼽았다. 이 책에 따르면 미국의 부자 중 20%만이 유산을 상속받아 부자가 됐고, 나머지 80%는 스스로 돈을 모아서 부자가 됐다고 한다. 자수성가형 부자들은 대부분이 지독한 구두쇠인데, 과시를 위한 수입차보다는 미국산 자동차를 몰고, 값비싼 철갑상어 알보다는 일반적인 샌드위치를 더 좋아한다고 한다. 부자라고 하면 호

화생활을 하며 많은 돈을 쓸 것 같지만, 연평균 소득 13만 달러 중에서 지출은 7만 달러를 넘지 않는다는 것이 스탠리 박사의 연구 결과다. 부자와 빈자를 가르는 변수는 '수입'이 아닌 '지출'이라는 것이다.

부자가 되는 두 번째 방법은 돈이 돈을 벌게 하는 것이다. 모인 목돈이 눈덩이 굴러가듯 스스로 굴러가서 더 큰돈이 되도록 하는 것이다. 미국 역사상 최고 부자로 꼽히는 록펠러는 생전에 이런 말을 남겼다.

"부자가 되고 싶다면 돈이 돈을 벌게 하라. 일해서 벌 수 있는 돈은 돈이 벌어주는 돈에 비하면 지극히 적다."

돈으로 돈을 버는 방법은 크게 두 가지다. 하나는 투자 상품에 돈을 투자하는 것이다. 주식이나 펀드, 부동산 등이 대표적이다. 이때 반드시 지켜야 할 원칙이 있는데, 원금을 안전하게 지킬 수 있는 상품에 투자해야 한다는 것이다.

수익률이 높은 상품은 대개 원금을 보장해주지 않는 경우가 많다. 높은 수익률에 대한 일종의 담보인 셈이다. 그러나 이런 상품은 한두 번은 많은 수익을 올릴 수 있지만, 단번에 원금을 모두 잃을 수도 있다. 투자의 기본인 종잣돈이 사라지는 것이다. 여유 자금이 많으면 그중 일부를 수익률이 높은 상품에 투자할 수 있겠지만, 만약 그렇지 않다면 원금이 보장되면서 수익률이 안정적인 상품에 투자하는 것이 바람직하다.

두 번째 방법은 복리의 마법을 이용하는 것이다. 단리는 내가 낸 돈에만 이자가 붙지만, 복리는 이자에도 이자가 붙는다. 말 그대로 돈이 돈을 낳는 것이다.

예를 들어 1,000만 원을 연 수익률이 10%인 복리 상품에 투자했다고 해보자. 1년이 지나면 이자가 100만 원이 붙어서 총 1,100만 원이 된다. 2년째가 되면 원금 1,000만 원뿐 아니라 이자 100만 원에도 10%의 이자가 붙어서 총 1,210만 원이 된다. 아무것도 하지 않아도 10년이 지나면 원금 1,000만 원이 2,600만 원으로 불어난다. 같은 돈을 단리 상품에 투자했을 때보다 1,600만 원을 더 벌 수 있게 되는 것이다.

올해로 40년째 금융계에 몸담으면서 가장 많이 받은 질문이 바로 '돈을 버는 방법'이다. 많은 사람이 가장 쉽고 빠르게 많은 돈을 버는 방법을 묻곤 한다. 그때마다 나의 대답은 한결같다. 그런 방법은 없다는 것이다.

부는 시간의 함수이다. 부자가 되려면 시간이 절대적으로 필요하다. 지출을 줄이고 꼬박꼬박 저축해서 종잣돈을 만드는 시간, 그 종잣돈으로 원금이 보장되는 복리 상품에 투자해서 이자에 이자가 붙기까지 기다리는 시간이 필요하다. 돈에 시간을 더해야 비로소 돈으로 돈을 버는 마법이 펼쳐질 수 있는 것이다.

내가 강의 때마다 사람들에게 권하는 재테크 방법을 소개하면 이렇다. 일단 원금이 보장되는 정기적금 상품을 이용해 목돈을 만든다. 금리가 5%라고 했을 때 매달 30만 원씩 2년간 적금하면 원금 720만 원에 이자 36만 원이 붙어서 총 756만 원이 된다. 여유가 된다면 금액을 높이거나 기간을 늘려서 목돈의 크기를 키우면 좋을 것이다.

목돈이 만들어지면 복리 정기예금 상품에 투자한다. 앞서 말한 것처럼 복리 상품은 원금이 클수록, 가입 기간이 길수록 이자 규모가 커지기 때문에 가능하다면 상당액의 목돈을 장기로 투자하는 것이 효율적이다.

은행 금리가 너무 낮다고 생각되면 펀드 상품에 투자한다. 펀드는 평균적으로 7~8%의 수익률을 보인다. 은행보다 수익률은 높지만 원금은 보장되지 않는다. 따라서 펀드 상품은 수익률도 중요하지만 원금을 지키는 것이 더 중요한데, 그 방법은 수익률이 20% 이상으로 올라갈 때 그 즉시 해지하는 것이다. 펀드 상품은 수익률이 20%로 올라가면 그 이후부터는 급격히 내려갈 확률이 높기 때문이다. 펀드도 마찬가지로 일정 규모 이상의 목돈이 만들어지면 복리 예금 상품을 이용하는 것이 효과적이다.

주식형 펀드상품으로는 인덱스 펀드(지수연동형 펀드)를 추천한다. 액티브 펀드에 비해 수수료 비중이 작고 수익률도 안정적이기 때문이다. 최근에는 ETF 펀드도 주목을 받고 있다. ETF 펀드는 수수료나 수익률은 인덱스 펀드와 같으면서도 펀드의 가장 큰 단점인 바로 해지할 수 없다는 점을 보완해 주식처럼 실시간으로 사고팔 수 있도록 한 상품이다. 투자한 자산을 가장 효율적으로 운용할 수 있는 상품이라고 할 수 있다.

고기도 먹어본 사람이 그 맛을 알듯이, 돈도 모아본 사람이 더 많은 돈을 모을 수 있다. 처음에는 500만 원, 1,000만 원을 모으기가 여간 쉽지 않다. 하지만 일단 1,000만 원 이상을 모으게 되면 그때부터는 자신만의 철학이 생긴다. 어떻게 해야 돈을 지킬 수 있는지, 돈으로 돈을 벌려면 어떻게 해야 하는지에 대해 노하우가 생기는 것이다.

그러고 보면 부자가 되는 방법은 간단하다. 적은 돈으로 단시간에 많은 돈을 벌겠다는 조급한 마음을 버리고 차근차근 돈을 모아 시간에 맡기는 것이다. 이 원칙만 지킨다면 누구나 돈으로 돈을 버는 마법을 경험할 수 있을 것이다.

이기는
투자를 하라

최근 금융위원회 통계 조사에 따르면 금융권 종사자 10명 중 1명(11.7%)이 억대 연봉을 받고 있다고 한다. 자산운용사나 투자은행(IB) 분야는 4~5명 중 1명이 억대 연봉자다. 돈과 가까운 직업일수록 더 많은 돈을 번다는 것을 보여주는 방증이다.

실제로 요즘 가장 인기 있는 직종 중 하나가 바로 금융 분야이다. 은행이나 증권사, 투자신탁, 자산운용사 등에 취업하고 싶어 하는 젊은이들이 넘쳐나고 있다. 이유는 돈과 가깝기 때문이다.

그러고 보면 돈에 대한 사람의 욕심은 끝이 없는 것 같다. 서 있으면 앉고 싶고 앉아 있으면 눕고 싶은 것처럼, 1,000만 원을 벌면 1억 원을 벌고 싶고, 1억 원을 벌면 1,000억 원을 벌고 싶고, 1,000억 원을 벌면 1조 원을 벌고 싶은 것이 사람의 욕심이다. 돈이 너무 없어서 돈을 원하고, 돈이 너무 많아도 더 많은 돈을 원한다. 증권시장에서 높은 수익률을 제시하는 투자 전문가에게 돈이 몰리는 것은 그래서이다. 빠른 시간 안에 큰돈을 벌어주겠다는 유혹 앞에 당당할 사람은 그리 많지 않다.

하지만 돈은 절대 호락호락하지 않다. 사람이 돈에 욕심을 부리는 순간, 돈은 사람에게 심술을 부리곤 한다. 기분이 좋을 때는 큰돈을 벌어주다가도, 기분이 나빠지면 한순간에 투자한 돈 모두를 가져가 버린다. 그래서 전 세계 투자 전문가들은 예외 없이 이렇게 말한다.

"주식 시장은 끊임없이 살아 움직이는 존재이다. 주식 시장을 이기는 방법은 없다."

하지만 매번 이기는 투자를 하는 사람들이 있다. 그들에게는 한 가지 공통점이 있다. 기다릴 줄 안다는 것이다.

가치투자의 대가로 불리는 워런 버핏은 1989년 6억 달러를 투자해 면도기 업체인 질레트의 주식 9,600만 주를 사들였다. 그리고 15년 후 P&G가 질레트를 570억 달러에 인수하면서 그의 주식은 원금의 9배에 달하는 56억 달러로 급등했다. 사람들이 투자 비결을 묻자 그는 이렇게 답했다.

"나는 10년 이상 보유하지 않을 주식은 아예 사지 않는다. 저평가된 기업의 주식을 사고 오랫동안 유지하는 것이 나의 유일한 투자 원칙이다."

'공짜 점심은 없다'는 말이 있다. 얻는 게 있으면 반드시 잃게 되는 기회비용이 있다는 뜻이다. 적은 돈으로 짧은 시간에 많은 돈을 벌기 위해서는 그만한 대가를 치러야 한다. 수익률이 높은 대신 수수료가 많다거나 원금 보전이 안 되는 등 리스크가 높은 상품을 선택할 수밖에 없다. 운이 좋으면 단번에 큰돈을 벌지만, 반대의 경우 투자한 돈 모두를 잃을 수도 있다. '모 아니면 도'에 운을 거는 것이다.

하지만 빨리 돈을 벌고 싶다는 욕심을 버리면 매번 이기는 투자를 할 수 있다. 속도를 늦추니까 높은 수수료를 지불할 이유도 없고 원금을 포기할 필요도 없다. 투자 기간이 기니까 이자가 이자를 만드는 복리의 마술도 경험할 수 있다. 욕심을 부리면 10원을 투자해야 100원을 벌지만, 욕심을 버리면 1원을 투자하고도 100원을 벌 수 있다.

내가 인덱스 펀드에 주목한 것은 그래서다. 그동안 펀드의 주류는 액티브 펀드였다. 펀드 매니저가 알아서 오를 만한 종목을 골라 투자하고 수시로 투자 종목을 바꾸는 상품을 말한다. 수익률이 높다는 장점이 있지만 그만큼 수수료 비중이 높고 판단이 틀릴 때 손실을 피하기가 어렵다. 이러한 액티브 펀드의 단점을 보완하기 위해 탄생한 것이 바로 인덱스 펀드다.

인덱스 펀드는 개별 종목이 아니라 주가지수에 영향을 많이 받는 종목 위주로 펀드를 구성한다. 한번 투자하면 종목을 쉽게 바꾸지 않기 때문에 수수료 비중이 낮다. 액티브 펀드보다 평균 1%포인트 이상 수수료가 저렴하다. 장기간 투자하기 때문에 수익률도 액티브 펀드를 넘어선다. 1%의 수수료 차이는 복리의 마술 덕분에 투자 기간이 10년이면 26%, 20년이면 95%, 30년이면 263%로 수익률의 차이가 발생한다. 아무렇지 않게 생각한 수수료가 훗날 수익률에 큰 영향을 주는 것이다. 한마디로 인덱스 펀드는 최저 비용으로 장기간 평균 이상의 수익을 올리는 '이기는 투자'라고 할 수 있다.

그래서 나는 2005년 유리자산운용에서 인덱스 펀드를 핵심 상품으로 내걸었다. 이유는 크게 두 가지다. 우선 시장 선점이다. 나는 국내 공모펀드 성과에 대한 연구로 경영학 박사학위를 받았다. 논문 연구를 통해 개별 종목에 투자하는 액티브 펀드보다 지수에 투자하는 인덱스 펀드가 수익률 면에서 훨씬 우위에 있다는 것을 통계적 기법으로 확인했다. 실제로 미국 등 금융 선진국에서는 가장 보편화된 간접투자상품 운용기법으로, 워런 버핏이 개인 투자자에게 추천하는 펀드도 인덱스 펀드가 유일하다고 한다. 국내 시장에서도 머지않은 미래에 인덱스 펀드에 대한 수요가 증가할 것이라고 보고 미리 시장을 선점해야 한다고 생각했다.

두 번째 이유는 고객의 이익이다. 지금까지 자산운용사들이 내놓은 금융상품을 보면 고객들이 이해하기 어려운 복잡한 상품들이 대부분이었다. 그러다 보니 상당수 고객이 자신의 투자 목적에 맞는 상품보다는 판매 직원들이 권유하는 상품에 투자하는 경우가 많았다.

그러나 판매사들이 고수익을 약속한 액티브 펀드나 일부 파생상품들은 높은 수수료와 시장의 불확실성 때문에 기대 이하의 수익률을 내고 있는 것이 현실이다. 더 큰 문제는 많은 경우 고객의 이익보다는 회사의 이익을 위한 상품을 권한다는 것이다. 높은 실적을 위해 고객들에게 '묻지마 투자'를 권하고, 그로 인한 책임은 고스란히 고객이 떠안는 폐해가 적지 않은 것이다.

하지만 인덱스 펀드는 상대적으로 구조가 단순해서 고객들이 투자

목적에 따라 자신이 원하는 상품을 선택할 수 있다. 또한 장기 투자를 원칙으로 하니까 수수료 부담이 적고 수익률도 안정적이다. 고객에게 더 이익이 되는 상품인 것이다.

물론 회사 입장에서 단기간의 이익을 생각하면 액티브 펀드가 더 효과적일 수 있다. 하지만 나는 10년, 20년 앞을 내다보면서 장기적이고 안정적으로 자산을 운용하는 것이 자산운용사가 고객들에게 할 수 있는 최고의 서비스라고 생각한다. 정직과 신뢰를 바탕으로 적정한 수익률을 제시하고, 장기적 관점으로 최대의 수익을 고객들에게 돌려줘야 한다는 것이 나의 오랜 운용 철학이다. 그래서 유리자산운용 직원들에게도 이렇게 당부했다.

"당장 실적을 내지 못해도 괜찮습니다. 그러니까 절대로 고객들에게 과도한 수익률을 제시하거나 무리한 투자를 권유하지 마세요. 우리의 목표는 회사의 이익이 아니라 고객의 이익입니다."

결과는 대성공이었다. 기본에 충실한 자산운용 철학이 고객들에게 신뢰를 얻으면서 수탁액이 4년 만에 4조 원대로 4배 이상 급성장한 것이다. 이 중 60% 이상이 인덱스 펀드 설정액이었다. 실적을 위해 투자자를 모집하는 데 집중하기보다, 투자자 중심의 장기적인 투자 문화를 만드는데 앞장선 결과였다.

지금 근무 중인 우리자산운용에서도 나는 '정직'을 제일의 원칙으로 삼은 '하모니(HARMONY)' 경영철학을 추구하고 있다. 정직하게 (Honesty) 고객의 이익을 추구하고, 항상 반성하는 자세로(Apology) 투자자들과의 약속을 지키며, 정도 경영(Rule)과 윤리 경영(Morality)

지속해서 꾸준한 성과(Objectives)에 도전하고, 사회공헌(Noblesse Oblige)은 물론 상대방을 배려하는 조직문화(You & I)를 구축해 글로벌 최고 자산운용사를 만들어가자는 의미를 담고 있다. 고객의 신뢰는 정직으로부터 시작된다고 믿기 때문이다.

'오컴의 면도날'이라는 말이 있다. 중세 영국의 철학자였던 윌리엄 오브 오컴이 한 말로, 가장 단순한 설명이 가장 진리에 가깝다는 이론이다. 시대는 복잡하고 다양하게 진화하지만 그 내면에는 단순한 원리가 통한다는 것이다.

돈을 버는 원리도 마찬가지다. 최근 금융상품을 보면 금융공학의 어려운 논리를 적용한 것도 많고, 전문가들조차 이해하지 못하는 파생 상품들도 줄기차게 나오고 있다. 하지만 돈을 버는 원칙은 하나다. 바로 정직이다. 과도한 욕심을 버리고 투자한 만큼 적정한 수익을 벌겠다고 해야 비로소 돈은 내 편이 된다. 그것이 바로 이기는 투자다.

노나라의 자하가 정치에 대해 묻자 공자가 이렇게 답했다.

"급하게 성과를 구하려 하지 말고, 작은 이익을 추구하지 마라. 빨리 성과를 보려 하면 제대로 성과를 달성하지 못하고, 작은 이익을 따지면 큰일을 이룰 수 없다."

비단 정치의 이야기만은 아니다. 돈을 버는 것도, 원하는 성공을 이루는 것도 모두 이와 같다. 한 번에 많은 돈을 벌려는 욕심을 버리고 장기적 관점으로 정도를 걷는 것이 이기는 투자의 기본임을 잊지 말자.

버는 기술, 쓰는 예술

제시 리버모어는 미국 월가 역사상 가장 위대한 개인 투자자로 손꼽히는 인물이다. 그는 홀로 주식 시장의 룰을 터득해 천문학적인 수익률을 거뒀는데 단돈 1,000달러로 시작한 투자금액이 1907년에는 300만 달러, 1929년에는 무려 1억 달러에 달했다. 1929년 대공황 당시 그가 벌어들인 1억 달러를 현재 가치로 환산하면 20억 달러(2조 원)에 이른다.

하지만 그는 1929년 '대박' 이후 줄곧 내리막 인생을 걸었다. 번 돈의 대부분은 사치스러운 생활로 낭비했고, 그 때문에 아내와 자녀들과의 거리는 멀어졌으며, 친구들과의 교류도 끊어졌다. 상당한 재산을 탕진한 그는 1931년 다시 한 번 대박을 노렸지만 실패해 거의 전 재산을 잃었고, 심각한 우울증에 시달리다가 1940년 권총 자살로 생을 마감했다. 당시 그가 가족들에게 남긴 재산은 1만 달러도 채 안 되는 부동산뿐이었다고 한다. 제시 리버모어가 뛰어난 투자자였음은 이론의 여지가 없다. 그러나 분명한 사실 중 하나는 그는 절대 행복한 투자자는 아니었다는 것이다.

대다수 투자자의 목적은 돈이다. 적은 돈을 투자해 많은 돈을 버는 것이 그들이 주식에 투자하는 유일한 이유다. 그래서 그들의 머릿속에는 '어떻게 하면 더 많은 돈을 벌 것인가'에 대한 궁리로 가득 차 있다.

그러나 행복한 투자자는 다르다. 그들은 행복을 위해 투자한다. 더 많이 행복해지기 위해 더 많은 돈을 번다는 게 그들이 말하는 투자 이유다. 그래서 그들의 머릿속에는 '어떻게 하면 돈을 더 잘 쓸 것인가'에 집중되어 있다.

비슷한 듯 보이지만 둘의 차이는 엄청나다. 돈이 목적인 투자자는 돈을 벌수록 불행해진다. 돈을 벌면 더 많은 돈을 벌고 싶은 마음 때문에 불행하고, 돈을 잃으면 그 돈이 아까워서 불행하다. 아무리 많이 벌어도 계속 불행해지는 악순환을 반복하는 것이다.

반면 행복이 목적인 투자자는 돈을 벌지 못해도 행복하다. 돈을 벌면 그 돈을 행복을 위해 쓸 수 있으니까 행복하고, 돈을 잃어도 투자의 목적이 다르므로 불행한 마음이 없다. 돈과 거리를 유지하는 만큼 행복과 가까워지는 것이다.

많은 사람이 오해하는 것 중 하나가 돈이 곧 행복이라고 생각한다는 것이다. 돈이 없으면 불행해지고, 돈이 많으면 행복해질 것이라고 믿는다. 더 많은 돈을 벌수록 더 많이 행복해질 것으로 생각한다. 그래서 그들은 행복을 지불한다. 나중에 더 많이 행복해지기 위해 지금 당장의 행복을 포기한다. 자신이 무엇을 할 때 행복한지 생각해볼 여유도 없이 그저 행복해지고 싶다는 막연한 생각으로 돈 버는 일에만 몰입하는 것이다.

문제는 많은 돈을 벌어도 행복하기가 쉽지 않다는 것이다. 고기도 먹어본 사람이 고기 맛을 안다고, 돈을 벌기 위해 끊임없이 자신의 행복을 지불해온 사람들은 갑자기 많은 돈이 생겨도 행복의 맛을 알지 못한다. 어디에 돈을 써야 행복해질 수 있는지 모르기 때문이다. 제시 리버모어처럼 많은 돈을 벌고도 오히려 불행해지는 결과가 생길 수도 있는 것이다.

전직 대통령을 포함해 500여 명의 리더들을 컨설팅했던 유명한 CEO 컨설턴트 이종선 씨는 최근에 펴낸 책『성공이 행복인 줄 알았다』에서 이렇게 말했다.

"더 부자가 되고도, 더 많은 것들을 갖게 되고도 행복하지 않다는 건 분명 뭔가 큰 문제가 있는 것이다. (…) 돈을 많이 벌거나 유명해지는 것은 경제적인 의미의 성공이지, 인생의 총체적인 성공이라고는 할 수 없다. '돈을 많이 벌고 나서', '그 자리에 오르고 나서'라며 미루고 있는 소중한 것들을 그때그때 제대로 챙기면서 사는 것이 진정 성공한 삶이다."

물리적인 불편함 없이 행복하게 살기 위해서는 돈이 반드시 필요하다. 그러나 돈 자체가 행복은 아니다. 행복은 돈의 많고 적음이 아니라 가진 돈을 어디에 사용하느냐에 따라 결정된다. 같은 돈을 가지고도 누군가는 행복하고 누군가는 불행한 이유는 그래서이다.

그러므로 지금보다 더 행복해지고 싶다면 돈 쓰는 방법을 배워야 한다. 돈을 모으지만 말고, 버는 돈의 일부를 행복 비용으로 지불해야 한다. 많은 돈을 벌 때까지 기다리지 말고, 높은 자리에 오를 때까지 기다리지 말고 돈을 벌 때마다 나 자신의 행복을 위해, 내 가족의 행복을 위해, 주변 사람들의 행복을 위해 당장 그 돈을 사용해야 한다. 돈이 주는 진짜 즐거움은 버는 것이 아니라 제대로 쓰는 데 있기 때문이다.

몇 해 전 미국의 한 대학에서 재미있는 실험을 했다. 46명의 사람에게 5달러와 20달러가 들어있는 봉투를 무작위로 나눠주고 절반의 사람들에게는 자신을 위해 돈을 사용하게 하고, 나머지 절반에게는 다른 사람을 위해 선물을 사거나 기부를 하도록 한 것이다. 결과는 어땠을까. 금액과 관계없이 다른 사람을 위해 돈을 사용한 그룹이 더 많은 행복을 느낀 것으로 나타났다. 단 5달러라도 남을 위해 사용했을 때 더 큰 행복을 얻을 수 있다는 것이다.

2005년 아름다운 재단이 전국의 성인남녀 1,000명을 대상으로 '행복지수와 나눔의 효과'를 조사한 결과에서도 기부나 자원봉사 등 나눔 활동을 하는 사람이 그렇지 않은 사람에 비해 평균 10% 정도 행복감을 더 느끼는 것으로 나타났다. 사람은 다른 사람의 행복을 위해 돈을 쓸 때 가장 큰 행복을 느낄 수 있다는 것이다. 행복은 모으는 것이 아니라 나누는 것이기 때문이다.

나눔의 결과는 비단 행복만이 아니다. 독일 언론인 토마스 람게는 책 『행복한 기부』에서 '2-1=3'이라는 독특한 수식을 제시했다.
"고도로 발전한 사회는 제로섬 게임이 아니며, 주는 자가 이기는 사회다. 시너지 효과의 수식이 '1+1=3'이라면 나누는 사회의 수식은 '2-1=3'이다. 즉, 나누면 더 많아진다. 왜냐하면 준다는 것은 사회자본 및 인간자본에 투자하는 것과 같기 때문이다. 이런 자본들은 감가상각 되지 않고 오히려 더 커진다. (…) 마이너스가 없는 가장 확실한 투자를 찾는다면 나눔에 투자하라. 기부나 자원봉사는 단순히 어려운 사람을 돕는 행위가 아니라 성공을 부르는 투자이다."

실제로 미국 시러큐스 대학의 아서 브룩스 교수는 "1달러의 기부가 19달러의 수익을 창출한다"고 말했다. 기부를 하면 빈곤층의 가계소득이 증가하고, 자선단체들의 사업이 활성화되면서 관련 산업이 발전하고, 그에 따라 사회 전체의 소득 증가로 이어지는 선순환이 생긴다는 것이다. 이를 투자 수익률로 환산하면 1,900%에 달한다.

그래서 이재에 밝은 사람들은 남을 위해 돈을 쓴다. 성공을 위해서는 다른 사람들의 도움이 필요하다는 것을 알기 때문이다. 그들에게 나눔은 일방적 시혜가 아니라 나중에 자신이 받아야 할 도움을 위한 투자다. 돈을 써야 돈을 번다는 것을 그들은 아는 것이다.

리자청은 아시아 최고 부자로 손꼽히는 인물이다. 홍콩 상장기업의 4분의 1이 그의 소유이며, 홍콩 주식 가운데 26%가 그의 것이다. '홍콩 사람이 1달러를 쓰면 그중 5센트는 리자청의 주머니에 들어간다'는 말이 있을 정도다.

그의 사업 영역은 홍콩만이 아니다. 그는 세계 54개국 500여 개에 달하는 기업체를 소유하고 있으며, 그가 월급을 주는 직원 수만 22만 명이 넘는다. 2012년 현재 그의 재산은 255억 달러(약 30조 원)로, 2012년 3월 미국 포브스지가 선정한 400대 부자 명단에서 9위에 이름을 올리기도 했다. 최근에는 페이스북 투자가 대박을 터뜨리면서 그가 보유한 주식액이 20억 달러에 이르는 것으로 알려졌다.

하지만 그는 '기부왕'으로 더 유명하다. 자신의 몸에 걸치는 신발과 손목시계는 모두 20년이 넘은 것들이면서 남을 위해서는 재산의 3분의 1을 아낌없이 내놓았다. 1980년 '리자청기금회'라는 기부 재단을 설립한 그는 여가의 대부분을 재단 활동에 쏟고 있으며, 재단을 '세 번째 아들'이라고 부를 정도로 기부 활동에 열심이다.

그는 기부에 대해 이렇게 말한 바 있다.

"나 자신만을 위해 돈을 번 것이 아니다. 나는 회사와 주주들, 그리고 공익사업을 위해 돈을 벌고 쓰기 위해 모았다. 그리고 남는 돈은 장애인과 빈곤한 사람들을 위해 나눠줘야 한다. 내 돈은 사회에서 나왔기 때문에 당연히 사회를 위해 쓰여야 한다."

그래서 그에게는 과거 황제를 부를 때나 사용하던 최고의 극존칭인 '따궤'이라는 애칭이 따라다닌다. 이 애칭으로 불린 인물은 리자청이 유일무이할 정도로 그는 홍콩 사람들에게 절대적 신뢰를 받고 있다. 그가 오랜 기간 '아시아 최고 부자'의 위치를 유지할 수 있는 비결은 '다른 사람의 행복을 위해 돈을 써야 더 많은 돈을 벌 수 있다'는 돈의 이치를 알고 있기 때문일 것이다.

부자들이 가난한 사람보다 조금 더 행복한 이유는 결코 그들보다 돈이 많아서가 아니다. 가진 돈으로 무언가를 이루었기 때문이다. '돈을 버는 것은 기술, 돈을 쓰는 것은 예술'이라는 말이 있다. 훌륭한 예술 작품이 영원히 남듯이 돈도 좋은 일에 쓰면 그 돈의 가치가 영원히 남게 된다.

그래서 우리에게 필요한 것은 돈 버는 기술이 아니라 돈을 예술적으로 쓰는 방법이다. 돈을 잘 쓸 줄 아는 사람이 결국에는 돈을 잘 벌 수 있기 때문이다. 돈을 목적으로 하면 돈의 노예가 되지만, 돈을 행복해지기 위한 수단으로 삼으면 돈은 친구가 된다. 아낌없이 다른 사람의 행복 비용을 지불하는 것, 그것이 더 많은 돈을 벌고 더 빨리 행복해지는 지름길이 될 것이다.

빼기와 나누기로
셈법을 바꿔라

　초등학교에 입학해서 한글 다음으로 배우는 것이 바로 산수다. 미적분이나 통계는 몰라도 덧셈과 뺄셈, 곱셈과 나눗셈을 모르는 사람은 거의 없다. 놀라운 사실은 이 네 가지 산수 공식에 부자와 빈자를 가르는 방법이 숨어 있다는 것이다.
　많은 경우 부자가 되는 방법으로 두 가지 공식을 떠올릴 것이다. 더하기와 곱하기다. 가진 돈에 더 많은 돈을 더하고, 투자한 돈보다 몇 배를 수익을 거둬야 부자가 된다고 생각하는 것이다. 그러나 내가 생각하는 부의 셈법은 정반대다. 더하기보다 빼기, 곱하기보다 나누기를 잘해야 진정한 부자가 될 수 있다고 생각하는 것이다.
　계영배(戒盈杯)라는 잔이 있다. 말 그대로 '가득 참을 경계하는 잔'이라는 뜻으로, 70% 이상 술을 담으면 밑으로 흘러내리도록 설계되어 있다. 70% 정도만 채우면 술이 그대로 있지만, 억지로 가득 채우려 하면 한강물을 다 쏟아 부어도 빈 잔이 되고 마는 신비의 잔이다.

소설 '상도'를 보면 조선 시대의 거상 임상옥은 계영배를 늘 곁에 두고 재물에 대한 욕심을 다스렸다고 나온다. 최인호 작가의 상상력이긴 하지만 임상옥의 행적과 절묘하게 맞아떨어진다.

그는 중국을 넘나들며 인삼 무역을 벌여 막대한 돈을 벌었는데, 어느 정도 돈을 번 후에는 더 이상의 재물을 탐하지 않았다. 오히려 자신에게 돈을 빌려 간 상인들의 빚을 모두 탕감해줬으며, 재산도 자녀들에게 물려주는 대신 모두 사회에 환원했다. 돈에 대한 욕심을 다스릴 줄 알았기 때문에 막대한 부를 축적할 수 있었고, 또 같은 시대 수많은 거상을 제치고 지금까지 존경받는 부자로 꼽히고 있다.

사람들이 돈을 좋아하는 이유는 명확하다. 돈은 곧 자유이기 때문이다. 돈이 있으면 힘들고 위험한 일을 하지 않아도 된다. 남에게 허리를 굽히지 않아도 되고, 자신이 원하는 일을 마음껏 할 수도 있다. 안정되고 독립적인 삶이 가능한 것이다.

그러나 필요 이상의 돈은 오히려 자유를 빼앗기도 한다. 가진 돈을 잃을까 봐 불안하고, 더 많은 돈을 가지고 싶어서 초조한 마음이 들기 때문이다. 돈은 자유로운 삶을 위해 반드시 필요하지만, 필요 이상의 돈을 욕심내는 순간 오히려 마음의 평화와 자유를 속박하는 장애가 될 수 있다.

그래서 독일의 철학자 니체는 "적절한 소유는 인간을 자유롭게 하지만, 도를 넘어서면 소유가 주인이 되고 소유자가 노예가 된다"고 말했고, 영국의 문학가 새뮤얼 존슨은 "돈이든 시간이든 자신이 사용할 줄 아는 범위 이상을 가진 사람은 불행하다"고 말한 것이다. 법정 스님도 책 『무소유』에서 이렇게 말씀하셨다.

"행복은 결코 차지하고 갖는 것에 있지 않다. 행복은 필요한 것을 얼마나 많이 가지고 있느냐에 있지 않고, 불필요한 것으로부터 얼마나 자유로운가에 있다. 남보다 적게 가지고 있으면서도 단순함과 간소함 속에서 순수성을 잃지 않고, 자기다운 삶을 살아가고 있는 사람이 제대로 살 줄 아는 사람이다."

돈이 많다고 해서 반드시 행복한 것은 아니다. 필요 이상의 돈은 오히려 불행의 원천이 된다. 진정한 부는 원하는 것을 다 갖는 '더하기'가 아니라, 불필요한 것을 덜어내는 '빼기'를 잘해야 비로소 얻을 수 있다는 것이다.

부자가 되기 위해서는 '나누기'도 잘해야 한다. 유대인의 율법서인 『탈무드』에는 이런 말이 나온다.

"부자가 되기를 원한다면 베풀어라."

유대인 중에 부자가 많은 이유는 그들이 부자의 사고방식을 가지고 있기 때문이다. 그중 하나가 바로 나눔에 대한 적극성이다. 부자가 되기 위해서는 자신보다 가난한 사람에게 자신의 부를 나눌 수 있어야 한다. 남에게 베푸는 사람의 주변에는 많은 사람이 모여들기 마련이고, 사람이 모여들면 그만큼 중요한 정보와 비즈니스 기회가 많아진다. 돈에 대한 욕심만으로는 결코 부를 축적할 수 없다. 돈을 나누고 세상 정보에 밝아야 비로소 원하는 부를 이룰 수 있다.

동양에서 가장 오래된 경전인 『주역』에도 이런 말이 적혀 있다.

"덕을 베푸는 것은 성스러운 것이고, 재물을 나누는 것은 지혜로운 것이다. 선을 쌓는 집은 경사가 넘치고, 악을 쌓는 집은 재앙이 넘친다."

나누기를 잘하는 사람만이 돈을 벌 기회를 잡을 수 있다는 뜻이다.

나눔은 행복한 부자가 되는 지름길이기도 하다. 방송기자인 김상운 씨가 쓴 책 『왓칭』을 보면 캘리포니아 대학의 셔비츠 교수가 실험한 내용이 나온다. 그는 600명의 대화를 녹음해 '나' 또는 '내 것'이라는 말을 얼마나 많이 쓰는데 조사했는데, '나'라는 말을 많이 하는 사람일수록 심장병에 걸릴 확률이 높은 것으로 나타났다고 한다. "다른 사람에게 귀를 기울이고 무한정 베푸는 것이 무병장수의 비결"이라는 것이 셔비츠 교수의 결론이다.

비단 확률의 문제가 아니다. 1998년 미국 하버드대 의과대학에서 실시한 연구에서도 비슷한 결과가 나왔다. 하버드대 학생 132명에게 나병 환자들을 돌보는 테레사 수녀의 다큐멘터리 영화를 보여주고 영화를 보기 전후의 면역 수치(IGA) 변화를 점검했는데, 놀랍게도 영화를 본 후에 체내 면역 물질이 눈에 띄게 증가했다. 연구팀은 돈을 받고 아르바이트를 하는 학생과 아무런 대가 없이 자원봉사를 하는 학생의 면역능력도 비교했는데, 그 결과 자원봉사를 하는 학생들의 체내 면역 수치가 더 높다는 것을 발견했다.

실험을 진행한 맥클랜드 박사는 "선한 행동으로 유발된 감동은 그것을 느끼는 사람들에게 면역력을 높여주는 생물학적 사이클의 변화를 일으킨다"며 이런 현상을 '테레사 효과'라고 명명했다. 남을 위한 봉사활동을 하거나 선한 일을 보기만 해도 신체의 면역기능이 크게 향상된다는 것이다.

나는 지난 2010년부터 2년간 고려대 경영전문대학원(MBA) 교우회장을 맡았다. 참으로 버거운 직책이었다. 권유를 받을 때마다 맡지 않으려고 사양하기도 여러 번이었다. 능력, 재력, 인격, 모든 면에서 나는 적임자가 아니라고 생각했기 때문이다. 무엇보다 아내의 반대가 워낙 심했기 때문이다. 월급쟁이 대표 형편에 회장을 맡을 만한 재력도 없고, 직장생활에도 지장을 줄 수 있다는 이유에서다.

그러나 내 인생을 바꿔준 고대 MBA를 위해 언젠가는 봉사의 나눔을 실천해야 한다고 생각해왔기 때문에 주변의 권유를 딱히 모질게 거절하지 못하고 직을 맡게 됐다. 고대 MBA 과정을 졸업하고 작은 은행에서 큰 은행으로 옮기게 됐고, 은행 퇴출로 실업자 신세가 됐을 때 새로운 직장을 구하는데도 MBA 이수가 도움을 많이 받았기 때문이다.

일단 직을 맡은 이상 열심히 해야겠다고 생각했다. 모임이 있을 때마다 밥을 사고, 행사 때마다 후원금을 냈다. 교우회를 활성화하기 위해 최초로 1기부터 모두 모아놓은 명부를 만들기도 하고, 인터넷 시대에 맞게 홈페이지도 개선했다. 어려운 환경에서 공부하는 학생들을 위해 사비를 털어 매년 두 명 이상씩 장학금을 주기도 했다.

적지 않은 돈을 썼고 힘든 과정도 많았지만, 돌이켜 보면 보람된 일이 더 많았다. 봉사가 주는 진정한 즐거움을 알게 된 것이다. 내가 조금 힘들더라도 봉사를 통해 상대방을 감동하게 하고 자아실현을 하는 귀한 과정을 경험한 것이다. 많은 사람의 생각 차이를 모아서 하모니를 이루어가는 과정을 통해서 사람을 더 깊이 이해하고 사랑하는 방법도 배울 수 있었다. 무엇보다 고대 MBA 선후배 교우들과 두터운 친분을 쌓은 것이 나에게는 가장 값진 기쁨이다.

러시아 작가 톨스토이는 봉사에 대해 이렇게 말했다.

"삶은 봉사의 장이다. 봉사하는 삶은 힘들지만 얻는 기쁨은 훨씬 더 크다."

흔히 봉사는 남을 위한 것이라고 생각하기 쉽지만 사실은 자신의 기쁨을 위해 하는 것이다. 사람의 마음을 얻으면서 얻는 기쁨, 다른 사람을 도움으로써 느끼는 보람은 억만금을 주고도 얻지 못하는 것들이기 때문이다.

야간대학을 졸업하긴 했어도 올해 2월부터는 세종대 총동문회 수석부회장을 맡아 봉사활동을 하고 있다. 가능하다면 앞으로도 꾸준히 봉사하면서 살아가고 싶다. 내가 지금껏 받아온 많은 도움을 이제는 더 많은 사람에게 나누며 살아가고 싶다. 나는 부족한 부분이 너무 많지만 작은 노력이라도 어렵고 힘들게 살아가는 사람들을 위해 하나의 길라잡이가 되고 싶은 것이 내 작은 욕심이다.

누구나 네 잎 클로버를 찾아본 경험이 있을 것이다. 그러나 길가에 널린 클로버는 대부분 세 잎이어서 네 잎을 찾기란 쉽지 않다. 언제 나타날지 모르는 네 잎 클로버를 찾느라 지천으로 널려있는 세 잎 클로버를 짓밟는 경우가 부지기수다. 세 잎은 너무 평범해서 발에 밟히고 선택되지 못하는 것이다.

그러나 꽃말을 보자. 네 잎 클로버의 꽃말은 '행운'이고, 세 잎 클로버의 꽃말은 '행복'이다. 어쩌면 우리는 주변에 널려 있는 행복은 보지 못하고, 있을까 말까 한 먼 곳의 행운만 좇으며 인생을 낭비하고 있는지도 모른다. 마치 더하기와 곱하기의 행운을 좇다가 빼기와 나누기의 행복을 놓치는 것처럼 말이다.

행복한 부자가 되고 싶다면 셈법을 바꿔야 한다. 돈에 대한 욕심을 덜어내고, 가진 것을 나누는 것이 진짜 부자가 되는 지름길이다.

돈에도
철학이 필요하다

자본주의 사회에서는 모든 관계가 돈을 통해 이뤄진다. 고용인과 피고용인, 구매자와 판매자처럼 우리가 경험하는 관계 대부분은 '돈을 주는 사람'과 '돈을 받는 사람'이 짝을 이룬다. 가장 가깝다는 가족 관계도 부모는 자녀에게 양육비와 학비를, 어른이 된 자녀는 나이 든 부모에게 생활비를 드리는 '돈의 관계'로 얽혀 있다. 어디 이뿐인가. 사랑하는 연인이나 친구 사이에서도 밥 한 끼 사 먹을 돈이 없으면 관계를 계속 유지하기 어렵다.

돈은 사람을 평가하는 잣대이기도 하다. 돈이 많으면 성실하고 능력 있는 사람으로 존경과 대우를 받지만, 돈이 없으면 게으르고 능력 없는 사람이라며 무시와 경멸을 당한다. '경제학의 아버지'로 불리는 애덤 스미스는 "사람들은 지혜와 덕이 아니라 부와 권세를 가진 사람을 존경하고, 가난하고 힘없는 사람을 업신여긴다. 그래서 사람들은 부와 권세를 얻으려는 것이다."라고 말했다. 모든 사람이 예외 없이 돈을 원하는 이유다.

그러나 돈이 많다고 해서 무조건 좋은 것만은 아니다. 너무 많은 돈은 오히려 화를 부르기도 한다. 1997년 8월 괌에서 비행기가 추락하는 사고가 발생했다. 당시 비행기에는 중견기업 회장과 그의 가족들이 타고 있었는데, 이 사고로 회장과 그의 일가족이 모두 목숨을 잃었다. 일 때문에 여행을 가지 못한 사위만 목숨을 건졌다.

문제는 회장이 남기고 간 거액의 재산이었다. 재산 규모가 워낙 크다 보니 상속권을 두고 회장의 형제들과 사위 간에 법정 다툼이 벌어졌다. 사위는 선순위 상속권자인 아내를 대신해 자신이 모든 재산을 상속받아야 한다고 주장했다. 형제들은 회장의 재산은 가족 전체가 형성한 재산이므로 혈육이 아닌 사위에게는 상속권이 없다고 주장했다. 치열한 공방이 오갔고, 결국 대법원까지 간 끝에 사위가 모든 재산을 상속받았다.

하지만 승소의 기쁨도 잠시, 사위는 생명의 위협을 받게 된다. 상속 규모가 크고 사위가 재산 전부를 상속받은 경우가 드물어 당시 언론에 대대적으로 보도됐는데, 그 때문에 신변이 노출돼 일부 사람들이 그의 돈을 노리고 폭행과 납치 등의 범죄를 벌인 것이다. 다행히 생명에는 문제가 없었지만, 그는 지금도 언제 다시 범죄에 노출될까 불안한 생활을 이어가고 있다고 한다.

돈을 둘러싸고 이런 사건도 있었다. 아버지 장례를 치르며 삼 형제는 각자 지인들에게 부의금을 받았다. 첫째는 9억 원, 둘째는 2억 원, 셋째는 1억 원에 달하는 금액이 들어왔다. 장례가 끝나고 삼 형제는 상당한 금액의 부의금을 어떻게 처리할 것인지에 대해 논쟁을 벌였다.

첫째는 각자 지인들에게 받은 비율대로 돈을 나눠야 한다고 말했다. 부의금에는 지금껏 자신이 지인들에게 지출한 돈이 포함되어 있으므로 9억 원에 해당하는 돈을 받을 권리가 있다는 주장이었다. 그러나 둘째와 셋째는 의견이 달랐다. 아버지 장례로 생기게 된 돈이므로 부의금은 일종의 상속 재산으로 봐야 하고, 따라서 상속 비율대로 나누는 것이 맞다고 주장했다.

결국 의견차를 좁히지 못한 삼 형제는 소송을 벌였고, 법원은 둘째와 셋째의 손을 들어주었다. 법적 상속 비율대로 어머니는 3억 원, 형제들은 차이 없이 2억 원씩 나눠 가지라고 판결한 것이다.

옛말에 '돈 앞에선 부모·형제도 없다'는 말이 있다. 피를 나눈 가족마저 적으로 삼을 만큼 돈에 대한 사람의 욕심은 끝이 없다는 의미일 것이다.

그러나 반대의 경우도 바람직한 태도는 아니다. 돈에 대한 과한 욕심도 문제지만, 돈에 대해 지나치게 결벽증적인 태도를 갖는 것도 문제가 있기는 마찬가지다. 조선 시대 최고의 엘리트 여성이었던 최영숙이 스물일곱 짧은 생을 살아야 했던 이유는 그래서다.

최영숙은 어려서부터 재주가 많고 총명했다. 3·1운동 직후 이화학당에 들어가 공부하며 조선의 현실에 눈을 뜬 그녀는 독립운동에 투신하고자 1923년 18살에 중국 유학길에 올랐다. 그녀는 중국에

도착한 지 몇 달 만에 중국어를 유창하게 구사했고, 영어와 독일어는 물론 성악과 피아노 실력도 따라올 사람이 없었다.

그러던 중 사회주의 사상에 심취한 그녀는 1926년 스물한 살에 무작정 스웨덴으로 유학을 떠났다. 당시 스웨덴을 방문한 조선인은 그녀가 처음이었다. 당연히 아는 사람이 없었고, 스웨덴어도 몰랐다. 유학비를 대줄 만큼 집안 형편이 좋은 것도 아니었다. 하지만 그녀는 바느질로 학비와 생활비를 벌며 누구보다 열심히 공부했고, 몇 년 후 당당히 스톡홀름 대학에서 경제학 학사학위를 받았다.

스웨덴 사람들은 그녀의 재능을 아끼며 계속 스웨덴에 머물길 바랐다. 특히 아돌프 황태자의 총애가 남달랐다. 대학 시절 황태자 도서실에서 연구보조원으로 일했는데, 조선어와 일본어, 중국어에 능통해 아시아 문물에 관심이 많았던 황태자의 총애를 한몸에 받았다. 덕분에 그녀는 스웨덴 유력인사들과 폭넓은 관계를 맺었다.

하지만 그녀는 자신의 능력을 식민지 조국을 위해 쓰고 싶었다. 사람들의 만류를 뿌리치고 1931년 11월 고국으로 금의환향했다. 하지만 그녀는 5개월 후인 1932년 4월 숨을 거두고 만다. 돈에 대한 결벽증 때문이다.

그녀는 조선으로 오는 길에 덴마크, 러시아, 독일, 프랑스 등 세계 20여 개국을 여행했다. 가난한 유학생 신분에 돈이 넉넉지 않았는데, 특히 인도에서 4개월간 머물 때는 배를 탈 돈마저 없었다. 스웨덴 유력인사가 돈이 필요하면 언제든지 연락하라고 했지만, 그녀는 자존심 때문에 도움을 청하지 않았다. 인도에서 만난 남자와 사랑에 빠져 아이까지 가졌지만, 그에게조차 끝끝내 돈이 필요하다는 말을 하지 않았다. 결국 그녀는 극심한 영양실조 등으로 아이를 잃었고, 합병증으로 자신의 목숨마저 잃고 말았다.

그녀가 인도 남자에게 쓴 마지막 편지에는 이런 글이 적혀 있었다.
"돈! 돈! 돈! 나는 돈의 철학을 알았소이다!"

하지만 내가 보기에 그녀는 돈의 철학을 알지 못했다. 만약 알았다면 스웨덴 유력인사에게 도움을 청했을 것이다. 아이를 위해서라도 인도 남자에게 도움을 청했을 것이다. 그녀는 돈의 철학을 몰랐기 때문에 단명하고 만 것이다.

곧 죽어도 남에게 싫은 소리를 하지 않겠다는 것은 자존심이 아니라 자만심이다. 당장 굶어 죽게 생겼는데 다른 사람의 도움은 절대 받지 않겠다는 것은 정직한 것이 아니라 결벽증에 가깝다. 부당하게 남의 것을 탐내거나 과한 돈 욕심을 내서는 안 되지만, 도움이 필요할 때 나에게 호의를 베풀고자 하는 사람의 배려를 거절하는 것만큼 어리석은 일도 없다. 모두 돈의 철학을 몰라서 벌어진 일들이다.

돈 자체에는 아무런 가치도 없다. 아무리 많은 돈도 그저 쌓아두기만 하면 종잇조각에 불과하다. 돈의 가치는 사용할 때 생긴다. 먹고 살기 위해 버는 돈은 나의 생명을 살리는 돈이고, 내가 즐거움을 느끼는 일에 쓰는 돈은 나를 행복하게 만드는 돈이다. 돈의 많고 적음을 떠나 가치 있는 곳에 돈을 쓰면 그 돈은 가치 있는 돈이 된다. 이것이 바로 돈의 진짜 가치다.

그래서 돈의 의미를 알면 함부로 돈 욕심을 부리지 않는다. 내가 필요 이상의 돈을 가지면 누군가가 꼭 필요한 돈을 가질 수 없다는 걸 알기 때문이다. 돈의 철학을 알게 되면 감히 다른 사람의 호의를 거절하는 무례를 범할 수 없다. 한순간의 자존심보다 나를 살리고 그를 행복하게 만드는 돈의 가치가 더 가치 있다는 것을 알기 때문이다.

 돈의 올바른 쓰임은 내가 도움이 필요할 때 타인의 도움을 겸허히 받고, 사정이 좋아졌을 때 내가 받은 만큼 남에게 되돌려주는 것이다. 돈에 대한 바람직한 태도는 돈에 대한 과도한 욕심을 버리고 적당한 소유에 만족하는 것이다. 돈의 중요성을 알되 의지하지 않는 것, 돈을 뜨겁게 사랑하되 차갑게 다루는 것, 그것이 우리가 가져야 할 돈의 철학이다.

성공자산 넷, 긍정
긍정은 성공의 지름길이다

Power of Positive Thinking

외나무다리를 건너는 방법

어릴 때 나의 꿈은 대학교수가 되는 것이었다. 하지만 불행하게도 그 꿈은 내가 이룰 수 없는 헛된 꿈같이 보였다. 나에겐 감히 넘볼 수 없는 꿈이었기 때문이다.

중학교 때 아버지의 사업 실패로 집이 빚더미에 앉았다. 5남매의 장남이었던 나는 졸지에 가장이 됐다. 하루빨리 돈을 벌어야 했다. 어쩔 수 없이 대학의 꿈을 접고 상업학교에 진학했고, 졸업과 동시에 은행원이 됐다.

그로부터 10년 동안 내 인생은 빚과의 전쟁이었다. 월급은 고스란히 빚을 갚거나 가족들의 생활비로 들어갔다. 퇴근 후에 동료들과 어울려 술을 마시거나 휴일에 데이트를 즐기는 일 따위는 엄두도 내지 못했다. 매달 내야 하는 이자가 월급보다 많았기에 매일 숙직을 자처하며 적은 수당이라도 벌어야 하는 형편이었다. 당시 나의 유일한 소원이 '빚 없는 세상에서 살아보고 싶다'일 정도였다.

그러나 나는 단 한 순간도 교수가 되고 싶다는 꿈을 포기하지 않았다. 10년에 걸쳐 빚을 갚았고, 월급을 쪼개서 야간대학에 다녔으며, 남보다 두 배로 일하며 대학원에 다녔다. 이후에도 공부에 대한 열정은 계속됐고, 50을 넘긴 나이에 박사학위를 따냈다.

그로부터 얼마 후 나는 그토록 꿈에 그리던 교수가 됐다. 박사학위를 받은 한성대에서 재무관리와 금융기관론 두 과목의 수업을 한 것이다. 당시 유리자산운용에서 대표이사를 맡고 있을 때였는데, '대표님'보다 '교수님'이라고 불리는 것이 그렇게 좋을 수가 없었다. 일과 병행해야 했던 탓에 2년간의 겸임교수로 끝났지만, 지금도 매년 스승의 날이 되면 내가 가르친 학생들이 꽃을 보내온다. 그들에게 나는 영원한 '교수님'인 것이다.

내가 꿈을 이룰 수 있었던 비결은 하나다. 꿈을 포기하지 않았기 때문이다. 교수가 되고 싶다는 강력한 목표가 없었다면 나는 가난의 현실과 나이의 장벽을 이겨낼 수 없었을 것이다. 시련을 극복하는 힘은 지식이나 기술에서 나오는 것이 아니다. 강력한 목표 의식이 있을 때 비로소 역경을 극복할 에너지가 생긴다. 목표를 가진 사람만이 목표를 이룰 수 있다.

1953년 예일대에서 재미있는 실험을 했다. 졸업을 앞둔 학생들에게 20년 후의 목표를 적은 리포트를 제출하라고 한 것이다. 당시 리포트는 성적에 영향을 주는 것이 아니어서 대부분 형식적인 답변을 써냈는데 그중 3%의 학생들만이 성의 있는 리포트를 제출했다.

그로부터 20년이 흐른 1973년, 예일대는 당시 졸업생을 추적 조사했다. 자신이 써냈던 목표를 실제로 이뤘는지 확인해본 것이다. 결과는 놀라웠다. 인생 목표를 꼼꼼하게 적어냈던 3%가 그 목표를 모두 이룬 것은 물론이고, 나머지 97%를 모두 합한 것보다 경제적으로 훨씬 풍요로운 생활을 하고 있었던 것이다.

예일대의 실험 결과는 아주 단순한 사실을 말해준다. 목표를 가진 사람과 목표가 없는 사람은 전혀 다른 인생의 결과를 얻게 된다는 것이다.

서진규 박사는 가난한 엿장수의 딸로 태어났다. 가난한 살림 탓에 고등학교를 졸업하자마자 가발공장에 취직했다. 하지만 대학 진학에 대한 꿈을 포기할 수 없었던 그녀는 스물두 살에 혈혈단신 미국행을 택한다. 낮에는 가정부로 일하고 밤에는 영어 공부를 하며 대학 진학의 꿈을 키운다. 그러나 불행한 결혼생활로 8개월 된 딸과 도망치듯 집을 나와야 했고, 생계조차 잇기 어려운 생활이 이어졌다.

그래도 그녀는 포기하지 않았다. 생계와 학업을 동시에 해결하기 위해 서른 가까운 나이에 미국 육군에 자원입대했다. 자신보다 10살이나 어린 청년들과 경쟁하며 미군 장교가 됐고, 공부를 계속 이어간 결과 마흔다섯에 하버드대 석사 학위를, 쉰아홉에 박사 학위를 받을 수 있었다. 학업에 대한 강력한 목표 의식이 그녀를 자신이 원하는 성공으로 이끈 것이다.

그녀는 성공을 원하는 사람들에게 이렇게 말한다.

"꿈이 이루어졌을 때를 상상하라. 그 느낌과 맛을 느껴보라. 미래를 상상하는 것은 누구에게나 '공짜'로 주어지고 '차별'이 없다. 마음에 정해진 목표가 있다면 목표에서 눈을 떼지 마라."

목표가 있는 사람은 모든 것을 그 목표에 중심을 두고 판단하고 선택하며 행동한다. 자신의 목표에 필요한 사람과 수단과 기회를 만들기 위해 노력하고 투자하며 몰입한다. 자신의 목표를 가로막는 모든 장애물과 한계를 극복하는 놀라운 힘을 발휘한다. 목표를 이루고 싶다는 강한 의지가 자신을 성공으로 이끄는 것이다.

두 맞수가 외나무다리에서 만나면 누가 이길까. 힘센 사람과 용기 있는 두 사람이 만나면 용기 있는 사람이 이긴다. 용기 있는 사람과 지혜로운 사람이 만나면 지혜로운 사람이 이긴다. 용기와 지혜가 있는 두 사람이 만나면 그중에서도 운이 좋은 사람이 이긴다. 그러나 긴 인생 항로에서 지혜나 용기, 운보다 더 중요한 것이 있다. 그것은 바로 꿈을 꾸는 것이다. 그리고 그 꿈을 현실로 옮기기 위해서 자신만의 소리를 만들어가는 것이다.

프랑스 시인이자 사상가인 폴 발레리는 이렇게 말했다.

"생각한 대로 살지 않으면 사는 대로 생각하게 된다."

목표가 없는 사람은 현재를 보면서 미래가 어떻게 될지를 예측한다. 그래서 평생 현실을 벗어나지 못한다. 그러나 목표가 있는 사람은 미래를 내다보며 지금 어떻게 행동해야 할지를 계획한다. 그래서 그들은 원하는 미래를 살아간다. 목표가 없으면 사는 대로 생각하지만, 목표가 있으면 생각하는 대로 살게 되는 것이다.

그래서 우리는 생각을 멈추지 말아야 한다. 자신의 목표에서 한순간도 눈을 떼지 말아야 한다. 그것이 자신의 인생을 원하는 방향으로 이끌어가는 가장 성공적인 방법이기 때문이다.

일을 놀이처럼 즐겨라

초급 행원일 때 특별 승급 제도가 있었다. 보통은 해마다 급여가 400원씩 올라갔는데, 특별 승급을 하게 되면 100원씩 더 받을 수 있었다. 단지 급여만 올라가는 것이 아니라 일 년에 3개월씩 승진도 더 빨리할 수 있었다.

특별 승급은 여러 가지 의미에서 나의 목표가 됐다. 첫째는 돈이다. 당시 아버지의 사업 실패로 막대한 빚을 지고 있었는데, 그 빚을 하루라도 빨리 갚으려면 조금이라도 돈을 더 벌어야 했다. 둘째는 인정이다. 특별 승급을 하려면 다양한 성과를 내야 했는데, 이는 곧 일 잘하는 직원으로 인정받는다는 의미였다.

문제는 어떤 방법으로 능력을 인정받느냐 하는 것이었다. 은행원의 능력이라면 많은 고객을 유치하는 것일 테다. 하지만 나에게는 많은 돈을 예금해줄 부자 부모님이나 친척이 없었다. 고객을 연결해줄 네트워크도 너무 빈약했다.

그래서 나는 '업무 제안 왕'이 되기로 했다. 당시 직원들을 대상으로 업무개선 사항에 대한 다양한 아이디어를 공모했는데, 가장 많은 아이디어가 채택된 직원에게 특별 승급의 혜택을 줬기 때문이다. 업무 제안이라면 내가 노력만 하면 화려한 인맥 없이도 얼마든지 성과를 낼 수 있었다.

그때부터 나는 주말과 휴가를 모두 반납하고 업무 공부에 매달렸다. 맡은 업무에 대해 전문가 수준이 되지 않고선 절대 새로운 아이디어가 나올 수 없다고 생각했기 때문이다.

어느 정도 일이 익숙해진 뒤에는 시간이 날 때마다 다른 은행에 가서 정보 탐색을 했다. 손님을 가장해 통장을 개설하면서 그들의 일하는 모습을 지켜보고, 안내장이나 팸플릿 등을 수거해 분석하기도 했으며, 어렵게 타 은행 업무 규정집도 구해서 꼼꼼하게 읽었다. 그러다 궁금한 것이 생기거나 의문이 생기면 다른 은행에 다니는 친구들을 만나 토론을 벌이거나 조언을 구했다. 그러자 조금씩 아이디어가 떠오르기 시작했다.

'서류 양식을 이런 식으로 간소화하면 고객들의 불편도 줄이고 시간도 절약할 수 있겠구나', '금융 상품을 소개하는 팸플릿은 이런 형식으로 바꿔야 내용이 한눈에 들어오고 고객들에게 설득력도 생길 텐데', '이 상품은 이런 문구가 더 어울릴 것 같다' 등등 내 머릿속에선 은행 고객 서비스 시스템을 바꿀 아이디어가 샘솟았고 그럴 때마다 닥치는 대로 업무 제안을 했다. 그 결과 3년 동안 줄곧 '업무 제안

왕'에 올랐고, 연달아 특별 승급까지 할 수 있었다. 하지만 더 큰 소득은 일에 대한 재미를 알게 된 것이다.

처음에는 특별 승급을 하거나 급여를 더 받고 싶은 욕심이 컸다. 시작은 그랬다. 그러나 시간이 흐를수록 나는 점차 일하는 재미를 알아가기 시작했다. 내가 맡은 일뿐만 아니라 은행의 전반적인 업무가 눈에 보이기 시작하고, 그러다 보니 어떻게 바꾸면 은행 서비스가 더 좋아질 것이라는 확신이 생기고, 그렇게 해서 제안한 아이디어가 채택되어 실행되면 그때의 희열은 말할 수 없을 정도로 컸다.

그러자 어느 순간부터 일을 놀이처럼 즐기기 시작했다. 액션 영화를 즐기듯이 새로운 업무를 배웠고, 휴먼 영화를 보듯이 내가 낸 아이디어가 현실이 되는 감동을 즐겼다. '어쩔 수 없어서'가 아니라 '재미있어서' 일하고 '하고 싶어서' 일하게 된 것이다.

일을 즐기는 습관은 군대에 가서도 계속 이어졌다.

최전방 포병 작전 과에 근무할 때 일이다. 나는 포사격 제원을 계산하는 일을 담당했다. 당시에는 컴퓨터가 없다 보니 과거 미군들이 쓰던 사격 지원표를 사용했는데, 글씨도 작고 책도 두꺼워서 계산할 때마다 여간 힘든 것이 아니었다. 그래서 계산에 어느 정도 익숙해지자 직접 새로운 책을 만들었다. 글씨도 크게 적고 꼭 필요한 내용만 정리해서 30페이지 분량을 다섯 페이지만 넘기면 모두 찾을 수 있게 새로 만든 것이다.

나중에는 그것도 불편해서 넓은 판에 앞뒤로 내용을 적어서 한 번만 넘기면 바로 볼 수 있게 업그레이드 버전을 만들기도 했다. 누가 시켜서 한 게 아니라 일을 즐기다 보니 자연스럽게 새로운 아이디어가 떠오른 것이다.

군 전술 경연에서 항상 선두를 달려 부대장의 총애도 많이 받았다. 덕분에 휴가도 많이 받고, 군대에 장기 근무하라는 권유도 숱하게 받았다. 어디에서 무슨 일을 하든 즐기는 마음을 갖게 되면 능력을 인정받을 수 있다는 것을 깨닫는 순간이었다.

혜민 스님은 책『멈추면, 비로소 보이는 것들』에서 이렇게 말했다.

"살짝 노는 듯이 열심히 하는 친구들이 사실 일은 더욱 능률적으로 잘합니다. 열심히 일만 하는 사람은 일의 즐거움 없이 스트레스로 일하는 것입니다. 잠깐 하는 일이 아니고 오랫동안 그 일을 하려 한다면 그 일을 열심히만 하려고 하지 말고 재미있게 즐기면서 하려고 하세요. 쉬지 않고 열심히만 하려고 들면 내 페이스를 잃어버려 결국 그 일을 오래 하지 못하게 됩니다."

즐겁게 일하면 여유가 생긴다. 마음이 열려서 자연스럽게 새로운 것을 받아들이게 된다. 하지만 즐길 줄 모르면 아무리 좋은 것을 봐도 보지 못하고 좋은 것을 들어도 듣지 못한다. 마음이 급해서 주변을 돌아볼 여유가 없기 때문이다. 그러니까 성공도 더딜 수밖에 없다.

공자는『논어』「옹야」편에서 이렇게 말했다.

"알기만 하는 사람은 좋아하는 사람만 못하고, 좋아하는 사람은 즐기는 사람만 못하다."

세상의 모든 일이 그런 것 같다. 일을 알기만 하면 아는 만큼만 하고, 일을 좋아하면 자신이 좋아하는 일만 하지만, 일을 즐기게 되면 아무리 큰 어려움이 닥쳐도 그것을 극복해내는 지혜가 생기는 것이다.

어쩌면 지금 하고 있는 일이 자신이 좋아하는 일이 아닐지 모른다. 나도 사실은 원해서 은행원이 된 것이 아니었다. 하지만 나는 은행에 들어간 순간부터 은행원을 천직으로 여기고 일에 빠져 살았다. 인정받기 위해 업무 제안 제도에 몰입했고, 스스로 일을 즐기는 방법을 터득해 나갔다. 제안한 아이디어가 채택될 때마다 스스로를 칭찬하면서 끊임없이 즐겁게 일하기 위해 노력한 것이다.

주어진 일만 하면 주어진 대로 살게 된다. 그러나 즐겁게 일하면 더 나은 방법을 찾게 되고, 더 재미있게 일하는 방법을 알게 된다. 원하는 방향으로 자신의 삶을 살 수 있게 되는 것이다.

영국의 언어학자 로건 피어솔 스미스는 이런 말을 했다.

"인생에서 목표로 삼아야 할 것은 두 가지다. 하나는 원하는 것을 이루는 것이고, 다른 하나는 그것을 즐기는 것이다. 오직 현명한 사람만이 두 번째 목표를 이뤄낸다."

성공하고 싶다면 방법은 간단하다. 일을 놀이처럼 즐기는 것이다. 성공은 아는 사람도 아니고, 좋아하는 사람도 아니고, 즐기는 사람의 것이다.

설악산 봉정암에선
무슨 일이?

"이런 말이 있다. '벗어나고 싶다면 무엇인가를 시도하라.' 과학에서는 실험하지 않으면 아무것도 얻을 수 없는 것처럼, 비즈니스에서도 시도, 실패, 그리고 재시도하는 과정 없이는 아무것도 이룰 수 없다. 합리적인 분석만이 모든 것을 해결할 것이란 믿음으로 자신을 속이지 마라. 아무리 많은 분석도, 그 어떤 시장조사도 진정한 혁신을 이끌어낼 수 없다. 3M, 구글 등 가장 성공한 기업은 '도전 문화'가 내부에 자리 잡고 있다. 기업의 성공에서 '해보기 문화'보다 중요한 것은 없다."

현대 경영의 창시자로 불리는 톰 피터스가 그의 저서 『초우량 기업의 조건』에서 한 말이다. 나 역시 그의 말에 적극 동의한다.

학교에서 모범생이 되려면 열심히 공부해서 높은 점수를 받으면 된다. 그러나 사회에선 다르다. 사회가 인정하는 능력은 시험 점수가 아니라 구체적인 결과물이다. 은행으로 따지면 신규 고객을 많이 유치하고, 좋은 아이디어를 많이 내고, 기업이나 기관으로부터 많은 예금을 유치해야 능력을 인정받을 수 있다. 구체적인 결과물은 머리가 아닌 행동을 통해서 나온다. 몸으로 직접 부딪치고 끊임없이 시도하고 도전할 때 비로소 구체적인 성과를 얻을 수 있다. 무언가를 얻고 싶다면 반드시 무언가를 해야 한다.

22살 때쯤 친구들과 설악산 종주를 떠난 적이 있다. 봉정암에서 하룻밤을 보내고 대청봉을 넘어서 외설악으로 넘어가는 코스였다. 그런데 아침에 일어나 보니 밤새 내린 비 때문에 주변이 온통 안개로 뒤덮여 있었다. 2m 앞이 안 보일 정도로 지독한 안개와 거센 바람 앞에서 우리는 망연자실할 수밖에 없었다. 봉정암 암자 주인이 말했다.

"안개가 걷힌 후에 길을 떠나시는 게 좋겠어요. 잘못하면 사고가 날 수도 있어요."

하지만 회사 근무 일정상 더는 지체할 시간이 없었다. 우리는 둘로 나뉘었다. 한 부류는 안개가 걷힐 때까지 기다리기로 하고, 내가 속한 부류는 위험을 무릅쓰고서라도 산에서 내려가기로 한 것이다.

안개는 예상보다 훨씬 지독했다. 돌에 발이 걸려서 굴러떨어질 뻔한 적이 한두 번이 아니었다. 우리는 생명의 위협을 느끼면서 거의 기다시피 엉금엉금 산에서 내려왔다.

그런데 20m쯤 걸었을까. 갑자기 해가 쨍하고 비추더니 주변의 풍경들이 눈에 선명히 들어오기 시작했다. 그 많던 안개도 거짓말처럼 흔적 없이 사라졌다. 어리둥절해서 뒤를 돌아보니 그곳에는 여전히 안개가 자욱했다. 안갯속에 있을 때는 죽음의 공포를 느꼈는데, 불과 20m 거리를 사이에 두고 화창한 날씨가 우리를 기다리고 있었던 것이다.

세상의 모든 일도 이와 다르지 않은 것 같다.

처음에는 잔뜩 낀 안개 때문에 넘어질까 두렵고 사고라도 당할까 걱정스럽다. 하지만 막상 길을 나서보면 금세 해가 비추고 안개가 걷히는 일들이 부지기수다. 그런데 우리는 해보기도 전에 너무 많은 걱정을 한다. 해보면 별것 아닌 일들이 대부분인데, 생각하고 걱정했던 것보다 훨씬 잘 되는 경우가 너무나 많은데, 잘 안 될까 봐 두렵고 실패가 걱정돼서 아예 시도조차 하지 않는 경우가 많은 것이다.

다이애나 폰 벨라네츠 벤트워스는 행동의 중요성을 일깨워 주는 이런 말을 했다.

"일단 행동으로 옮긴다면 무슨 생각을 하든 어떤 두려움을 갖든 중요하지 않다. 행동이야말로 중요하고도 유일한 것이다. 나는 최소한 생의 마지막 순간에 삶을 되돌아보며 이렇게 후회하지는 않을 것이다. '좀 더 많은 것들을 행동에 옮겼더라면.'"

새로운 일에 도전하다 보면 그 과정에서 좌절하고 실망하는 때가 생길지 모른다. 때로는 큰 실패를 경험할 수도 있을 것이다. 하지만 실패보다 더 무서운 것은 실패하지 않기 위해 아무것도 하지 않는 것이다. 자신에게 실패할 기회를 주는 것이 어쩌면 행운일 수도 있는 것이다.

사람들은 어떤 일을 시작할 때 최악의 결과부터 생각한다. 성공할 확률과 실패할 확률을 따져서 시작할지 포기할지를 결정한다. 전문가들이 안 될 거라고 하고 불가능한 일이라고 말하면 그 자리에서 도전을 멈춘다. 그러나 똑똑한 사람들이 말하는 '안 되는 이유'나 '하지 말아야 할 이유'에 수긍하는 순간, 되는 일은 아무것도 없다. 원인 없는 결과가 없듯이 모든 성공에는 안 되는 줄 알면서도 행동하는 용기가 필요하기 때문이다.

내가 아는 진실 중 하나는 무엇인가 얻고 싶다면 반드시 무언가를 해야 한다는 것이다. 안 될 줄 알면서도 끊임없이 도전해야 한다. 도전하면 비록 실패하더라도 성공할 확률이 높아진다. 성공은 실패의 가장 마지막에 있기 때문이다. 중간에 포기만 안 하면 세상에 안 될 일은 없다.

1953년 인류 최초로 에베레스트 산을 오른 에드먼드 힐러리는 어떻게 에베레스트 산을 올랐느냐는 질문에 이렇게 답했다.

"간단합니다. 한 발 한 발 걸어서 올라갔지요."

미국의 발명가 토머스 에디슨은 이런 말을 남겼다.

"절대 이길 수 없는 사람은 '천재'가 아니다. 어떤 환경에서도 '계속하는 사람'이다. 될 때까지 하면 이루지 못할 것이 없기 때문이다."

인디언들이 기우제를 지내면 반드시 비가 내린 이유는 무엇일까. 비가 올 때까지 기우제를 지냈기 때문이다.

결국 중요한 것은 행동이다. 목표가 있는 사람은 일단 행동한다. 무언가를 간절히 원하는 사람은 그것을 이룰 때까지 끝까지 한다. 뻔히 안 되는 줄 알면서도 포기하지 않고 될 때까지 한다. 일단 행동하고 끝까지 하는 것, 그것이 바로 성공의 필요충분조건이다.

운이 좋다고 믿어라

어느 날 공자가 조카 공멸에게 이렇게 물었다.

"벼슬을 해서 얻은 것은 무엇이고 잃은 것은 무엇이냐?"

그러자 공멸이 어두운 표정으로 말했다.

"벼슬해서 얻은 것은 하나도 없고 잃은 것만 세 가지가 있습니다. 첫 번째는 일이 많아 공부를 전혀 하지 못하고 있고, 두 번째는 녹봉이 적어 부모님과 친척들을 제대로 돌보지 못하고 있으며, 세 번째는 시간이 없어 친구들을 잃어가고 있습니다."

공자는 공멸과 같은 벼슬을 하고 있는 복자천을 찾아가 똑같이 물었다.

"벼슬을 해서 얻은 것은 무엇이고 잃은 것은 무엇이냐?"

그러자 복자천은 밝은 표정으로 이렇게 대답했다.

"벼슬해서 잃은 것은 하나도 없고 얻은 것이 세 가지나 됩니다. 첫 번째는 책으로 배운 것을 실천할 수 있어서 날마다 학문이 늘고, 두 번째는 녹봉이 적어 근검절약을 배우게 되니 모은 돈으로 부모님과 친척들을 도와 예전보다 사이가 더욱 좋아졌으며, 세 번째는 공무가 많은 덕분에 새로운 친구들을 많이 사귀고 있습니다."

공자가 기뻐하며 말했다.

"그대야말로 진정한 군자이다."

자신에게 주어진 현실을 부정적으로 바라보는 사람들이 있다. 그들은 똑같은 반 잔의 물을 보고도 '반밖에 없다'고 말한다. 그래서 물을 마셔도 여전히 갈증을 느낀다. 하지만 긍정적인 사람들은 '반이나 있다'며 같은 양의 물을 마시고도 시원함을 느낀다. 생각의 차이가 전혀 다른 결과를 가져오는 것이다.

세계적인 문호로 손꼽히는 니코스 카잔차키스는 소설 『그리스인 조르바』에 이런 말을 적었다.

"현실은 바꿀 수 없다. 하지만 현실을 보는 눈은 바꿀 수 있다."

노란색 안경을 끼면 세상이 노랗게 보이고, 까만색 안경을 끼면 모든 것이 까맣게 보인다. 생각도 마찬가지다. 부정적인 생각을 하면 세상에 안 될 일밖에 없어 보이지만, 생각을 긍정적으로 바꾸면 이 세상에 될 일이 더 많다는 것을 알게 된다. 모든 것은 마음먹기에 따라 달라진다는 것이다.

우리증권에 있을 때다. 정부 모 부처에서 5,000억 원에 달하는 기금을 펀드 랩으로 운용하기로 하고 증권사를 대상으로 공모를 진행했다.

펀드 랩(Fund Wrap)이란 일종의 고객 맞춤형 금융 상품으로, 증권사가 일정한 비율의 수수료를 받고 유가증권 포트폴리오 구성부터 운용, 투자 자문까지 통합적으로 제공하는 상품을 말한다. 고객이 맡긴 자금이 많을수록 증권사가 받게 되는 수수료도 많아지는데, 이 경우 1%만 수수료로 받아도 매년 50억 원의 추가 이익을 얻을 수 있었다. 당연히 대다수의 증권사가 경쟁적으로 공모에 참여했다.

하지만 우리증권은 모두의 관심 밖에 있었다. 기존에 펀드 랩을 운용해본 경험도 없었고, 기적적으로 공모를 통과하더라도 펀드 랩을 맡을 조직이 없었기 때문이다. 지원서를 내긴 했지만 회사 내부에서조차 '괜히 불가능한 일에 힘들이지 말고 다음 기회에 추진하자'는 분위기가 지배적이었다.

그러나 내 생각은 달랐다. 이번 기회를 놓치면 언제 다시 그 정도 규모의 기금을 운영할 수 있을지 모를 일이었다. 비록 펀드 랩 경험은 없지만 우리 회사가 가진 역량과 실력을 십분 발휘하면 불가능한 일도 아니라는 생각이 들었다.

문제는 시간이었다. 프레젠테이션까지 우리에게 주어진 시간은 20일 남짓이었다. 하지만 나는 '긍정의 힘'을 믿고 밀어붙였다. 우선 우리에게 가장 부족한 것이 무엇일까 생각했다. 결론은 펀드 랩 전문가였다. 정부에서 우리를 믿고 자금을 맡기려면 신뢰할 만한 전문가가 필요했다. 그래서 나는 곧장 펀드 랩 분야에서 실력을 검증받은 펀드 매니저를 물색하기 시작했다. 그리고 삼고초려 끝에 유명 매니저를 스카우트하는 데 성공했다.

그리고 기적이 벌어졌다. 강력한 후보들을 모두 밀어내고 우리 회사가 5,000억 원 규모의 자금을 유치하는 데 성공한 것이다. 이를 계기로 우리증권은 수익증권 판매 부문에서 업계 5위로 껑충 뛰어 올라섰고, 단번에 소형 증권사라는 불명예를 씻고 상위 증권사로 발돋움할 수 있었다.

그러고 보면 성공의 원칙은 아주 간단한 것 같다. 어떤 환경에서도 '나는 할 수 있다', '나는 운이 좋다'고 믿는 것이다. 모든 일이 잘될 것이라고 생각하고 자기 자신을 긍정하는 것이다. 자신을 긍정할 줄 모르는 사람은 중간에 힘든 일이 생기면 좌절하고 포기하지만, 긍정의 힘을 믿는 사람은 일이 잘되기 위한 진통의 과정으로 받아들이고 잘 될 때까지 도전을 멈추지 않기 때문이다.

자기 자신을 과소평가하는 사람들이 있다. 그들은 남들보다 돈도 없고, 학벌도 낮고, 직장도 보잘것없다며 자신을 깎아내린다. 좋은 책을 읽고 누군가의 성공 스토리를 들어도 "그건 너니까 가능한 거지, 나는 절대 안 돼"라고 생각한다. 스스로에 대한 믿음과 확신이 없으니까 도전을 두려워하게 되고, 실천하지 않으니까 결국 원하는 것을 얻지 못한다.

반면 긍정의 힘을 믿는 사람들은 수많은 단점조차 자신을 성장시킬 기회로 받아들인다. 가난 덕분에 부지런함을 배우게 됐다고 감사하고, 낮은 학벌 덕분에 배움의 소중함을 깨달았다고 기뻐하며, 작은 회사에 다닌 덕분에 하나부터 열까지 모든 업무를 알게 됐다고 생각한다. 어떤 환경에서도 자신을 믿고 문제를 해결할 방법을 찾아낸다.

'나는 운이 좋다'고 믿으니까 어려움을 극복할 용기가 생기고, 결국 원하는 것을 이루게 되는 것이다.

크리스트교 2000년 역사에서 가장 위대한 교황으로 꼽히는 요한 23세는 생전에 이런 말을 남겼다.

"두려움이 아닌 희망과 꿈의 조언을 구하라. 좌절에 대해 생각하지 말고 채워지지 않은 잠재력에 대해 생각하라. 시도했다가 실패한 것을 신경 쓰지 말고 여전히 가능한 것에 관심을 가져라."

성공하고 싶다면 필요한 것은 하나다. 마음 자세를 바꾸는 것이다.

아침에 눈을 떴을 때 '오늘도 똑같은 하루의 반복이 시작되겠구나'라고 생각하는 대신, '오늘은 또 어떤 새로운 역사를 만들어볼까'라고 설레는 마음을 가져보자. 어려운 일이 생겼을 때 '내가 하는 일이 다 그렇지'라고 생각하지 말고, '잠시 지나가는 바람이라고 생각하자'는 마음의 여유를 가져보자. '나는 운이 좋다'는 긍정의 힘으로 자신을 믿어보자. 그러면 작지만 놀라운 기적이 우리 앞에 펼쳐질 것이다.

> "모든 문제에는 숨겨진 보물이 있기 마련이다. 당신이 할 일은 바로 그것을 찾아내는 것이다."(우디 앨런)

깡다구,
결정적 순간에 나오는 힘

내가 다니던 초등학교 뒷산에는 방공호가 있었다. 방공호란 전쟁이나 공격에 대비해 땅을 파서 주민들의 피난 공간을 만들어놓은 것인데, 워낙 인적이 드문 곳에 있고 허술하게 만들었던 탓에 금방이라도 허물어질 것 같았다. 방공호 안에 들어갔다가는 공격을 피하기는커녕 오히려 위험에 처할 상황이었다. 이런 이유로 학교 선생님들은 방공호 출입을 엄격히 금했다.

그런데 사람 심리가 참 이상한지라, 하지 말라고 하니까 하고 싶은 마음이 강해졌다. 방공호 안에는 뭐가 있을까, 길이가 꽤 긴데 어디까지 이어져 있는 걸까 등등 방공호에 대해 궁금한 것들이 꼬리를 물고 이어졌다.

결국 나는 호기심을 참지 못하고 방공호 안으로 들어갔다. 하지만 방공호 안은 깜깜한 동굴 같아서 아무것도 보이지 않았다. 지금이야

손전등이 흔하지만 그때만 해도 귀한 물건이어서 구하기가 어려웠다. 그래도 포기할 수 없어서 나는 고민 끝에 고무를 구해서 불을 붙였다. 나무보다 불길이 작아서 안전하고 불도 오래 피울 수 있었기 때문이다. 이후 점심시간만 되면 뒷산으로 뛰어가 방공호 안으로 들어가곤 했다. 나만의 아지트가 된 셈이다.

하지만 꼬리가 길면 잡힌다고 했던가. 며칠 못 가서 선생님에게 들키고 말았다. 방공호 안 깊은 곳까지 들어갔다가 수업 시작 종소리를 듣지 못해서 교실에 늦게 들어갔는데, 고무를 태우면서 생긴 연기 재가 코밑에 묻어 있었던 것이다. 선생님의 추궁에 끝까지 거짓말을 하지 못했고, 결국은 호되게 혼나고 말았다. 그래도 나는 학교를 졸업할 때까지 줄기차게 방공호 안을 내 집처럼 돌아다녔다.

이런 나의 무모할 정도로 강한 호기심과 모험심은 시간이 지날수록 사그라지기는커녕 오히려 더욱 강해졌다. 초등학교 5학년이던 어느 날 친구들과 어울려 노는데 한 친구가 불쑥 이런 말을 했다.

"너희, 저 다리 아래로 뛰어내릴 수 있어?"

당시 동네 어귀에는 다리 하나가 있었는데 높이가 10m 정도였다. 어른이 된 지금이야 마음먹고 뛰어내리면 가능할 법한 높이지만, 초등학생 시절 자신의 키를 훌쩍 넘는 높이를 뛰어내리는 일은 쉽지 않았다. 굳이 뛰어내려야 할 이유도 없었다. 당연히 모두가 고개를 절레절레 흔들었다. 그러자 그 친구는 그럴 줄 알았다는 표정을 짓더니 다시 말을 꺼냈다.

"다리 아래로 뛰어내리면 5원 줄게. 뛰어내릴 사람 있어?"

당시 5원이면 상당히 큰돈이었다. 내가 초등학교 5학년이던 1965년의 10원을 지금 가치로 환산하면 1만 원 정도에 해당한다. 5원이면 지금 돈으로 5,000원인 셈이다. 그 친구의 아버지는 중소기업을 운영하고 계셨는데, 덕분에 상대적으로 경제적인 형편이 좋았다. 5원을 주겠다는 친구의 말은 헛말이 아닐 것이었다.

나는 순간 돈 욕심이 났다. 그때만 해도 정부 차원에서 광부와 간호사를 무더기로 독일에 파견할 정도로 경제 상황이 무척이나 좋지 않았다. 어른들도 직장을 구하기가 쉽지 않은 상황에서 대도시도 아니고 경남 진주의 작은 마을에 사는 11살짜리 초등학생이 그렇게 큰돈을 구하기란 하늘의 별 따기 수준이었다.

하지만 막상 다리 아래로 뛰어내릴 것을 생각하니 덜컥 겁이 났다. 물이라도 흐르고 있으면 생각해볼 여지가 있을 텐데 다리 아래에는 하얀 모래밭만이 끝없이 펼쳐져 있었기 때문이다. 아주 짧은 순간이었지만 머릿속에서 수많은 생각이 떠올랐다.

'괜히 뛰어내렸다가 다치기라도 하면 어쩌지? 엄마 아빠한테 혼날지도 몰라. 아니야, 돈도 벌고 친구들에게 영웅이 될 수 있는 절호의 기회잖아. 그냥 눈 딱 감고 한 번만 뛰어내려 볼까?'

결국 나는 친구들이 모두 지켜보는 가운데 다리 아래로 몸을 던졌다. 정신을 차리고 보니 입안에는 모래가 한가득 차있었다. 코와 귀도 마찬가지였다. 순간 아찔한 생각이 들었지만 다행히도 모래더미가 충격을 덜어준 덕분에 특별히 다친 곳은 없었다. 재빨리 일어나 입속의 모래를 뱉고 몸에 묻은 흙을 털어내자 친구들이 우르르 몰려왔다. 뒤이어 내 손에는 5원이란 돈이 쥐어졌고, 그날 나는 친구들과 함께 평소에는 먹기 힘들었던 맛있는 과자를 마음껏 사 먹을 수 있었다.

그래서인지 어릴 때부터 친구들은 나를 '악음'이라고 불렀다. 말 그대로 악을 많이 쓴다고 해서 붙여진 별명이다. 위험한 줄 알면서도 다리 아래로 뛰어내리고, 모두 안 된다고 하는데도 기어코 방공호 안으로 들어가는 행동들이 사람들에게 그렇게 비친 모양이다. 이런 기질은 직장생활을 할 때도 계속 이어졌다.

부산은행 입사 초기 때의 일이다. 동료들과 축구를 하는데 예기치 못한 사고로 앞서 가는 친구가 돌아서며 휘두른 팔꿈치에 부딪혀서 아랫니 두 개가 부러졌다. 입안에 피가 가득 고이면서 극렬한 통증이 찾아왔다. 피를 뚝뚝 흘리는 나에게 사람들은 병원에 가보라며 등을 떠밀었다. 하지만 나는 단호하게 거부하고 임시방편으로 수건으로 입을 동여맨 채 나머지 후반전을 모두 뛰었다. 핏물이 튀고 머리가 어지러운 상황에서 어떻게 그런 오기가 샘솟았는지, 상대편 선수가 공을 가지고 있으면 죽기 살기로 공을 빼앗았고, 그러다 공을 빼앗기면 끝까지 쫓아가서 다시 빼앗았다. 그렇게 온 힘을 다해 운동장을 뛰었고, 한 시간 후 경기에서 이기고 나서야 서둘러 병원을 찾았다.

그날의 축구 경기는 특별히 우리 지점의 명예가 걸린 중요한 대회도 아니었고, 막대한 상금이 걸린 것도 아니었다. 이기면 좋고 져도 그만인 심심풀이 경기였다. 하지만 나에게는 월드컵 한일전에 버금갈 정도로 반드시 이겨야만 하는 경기였다. 대충 뛰어도 되는 경기,

져도 되는 경기는 내 인생에 존재하지 않기 때문이다. 덕분에 나는 지금까지도 '깡다구 센 놈'이라는 말을 종종 듣는다.

그러고 보면 어린 시절부터 이어진 악과 깡이 있었기에 지금의 내가 있는지도 모르겠다. 누군가는 쓸데없는 용기라고 말할지 모르지만, 안 되는 줄 알면서도 끈질기게 붙들고 늘어지는 끈기와 오기, 어떤 싸움이든 반드시 이기겠다는 승부 근성이 있었기에 지금껏 만난 수많은 위기를 극복할 수 있는 힘을 얻을 수 있었던 것이다. 사전을 찾아보면 깡다구의 의미가 '악착같이 버티어 나가는 오기를 속되게 이르는 말'이라고 나온다. 그래서인지 깡다구라는 말에는 알게 모르게 좋지 않은 분위기가 풍긴다. '깡다구가 세다'는 말 저변에는 '그럴 만한 힘도 없으면서'라는 비아냥대는 생각이 붙어있는 것이다. 그러나 역사적으로 남과 다른 성공을 거둔 사람들을 보면 하나같이 깡다구라는 무형의 자산이 있었다. 이순신 장군이 대표적이다.

1597년 정유재란 당시 일본의 공격으로 조선의 수군이 거의 전멸했다. 이에 선조는 "수군을 없애고 육전에 임하라"는 교지를 내렸다. 그러나 수군의 중요성을 잘 알고 있던 이순신 장군은 선조의 명령에 따르는 대신 다음과 같은 내용의 장계를 올렸다.

"지금 신에게 12척의 배가 있으니 죽을 힘을 다해 막아 싸운다면 능히 대적할 방책이 있습니다. 비록 전선은 적지만 제가 죽지 않는 한 적이 감히 우리를 업신여기지 못할 것입니다."

단 12척의 배로 수백 척에 달하는 적군과 싸우겠다는 것은 누가 봐도 무모한 생각이다. 하지만 이순신 장군은 잘 알려진 대로 명량해 전에서 단 13척의 배로 대승을 거뒀다. 아무리 극한의 위기에 몰려도 반드시 해내겠다는 강력한 의지가 있다면 못해낼 일이 없다는 것을 보여주는 사례라고 할 것이다. 역사적으로 대단한 성공을 거둔 사람들에게서 공통적으로 깡다구의 모습을 발견할 수 있는 것은 그래서다.

태어날 때부터 깡다구가 있는 사람이 있다. 하지만 의식적인 노력과 훈련으로도 얼마든지 깡다구를 키울 수 있다. 깡다구는 물리적인 조건이 아니라 강인한 정신력에서 나오는 것이기 때문이다. 모든 것을 다 갖추고 있는 사람보다 자기 분야에서 최고가 되겠다는 강한 의지가 있는 사람이 불가능한 현실에 도전하는 용기와 원래 가진 능력보다 몇 배의 힘을 발휘할 수 있다. 이것이 바로 깡다구의 힘이다.

원하는 성공을 얻기 위해서는 눈에 보이는 스펙이나 조건을 구축하는 것이 중요하다. 그러나 결정적인 순간에는 깡다구가 성패를 가른다. 어려운 일이 생겼을 때 포기하지 않고 끝까지 해내려는 의지와 근성은 깡다구가 있는 사람만이 꺼낼 수 있는 능력이기 때문이다. 자신의 목표를 향해 강한 의지와 끈기로 끝까지 해내는 힘, 깡다구야말로 우리에게 필요한 성공의 자산이다.

나와의 싸움에서 이겨라

우리는 살면서 수많은 약속을 한다. 작게는 친구와의 시간 약속부터 크게는 비즈니스 관계에서 돈 약속까지, 약속의 형태도 매우 다양하다. 그러나 모든 약속을 지키지는 않는다. 비즈니스 관계에서 맺은 약속은 나중에 각종 문제가 생길 수 있기 때문에 의무감에라도 지키려 노력하지만, 작고 사소한 약속은 아무렇지도 않게 어기는 경우가 다반사다. 그런 점에서 진나라 문공의 일화는 시사하는 바가 크다.

진나라 문공이 원나라를 공격하러 떠나면서 군사들에게 10일 치 식량을 나눠주고 '열흘 이내에 원을 점령하지 못하면 철수하겠다'고 말했다. 하지만 원의 저항이 예상 밖으로 강해서 열흘이 지났는데도 점령하지 못했다. 문공은 군대를 철수하기로 했다. 그러자 신하들이 극구 말리고 나섰다.

"원은 곧 무너질 것입니다. 지금 물러나면 여태까지 들인 공이 허사가 되지 않습니까?"

"그럴 수는 없소. 나는 열흘 안에 원을 점령하겠다고 약조했소. 신의는 나라의 보배요. 설령 원을 얻을지언정 신의를 잃는다면 무슨 의미가 있겠소."

이듬해에 문공은 다시 대군을 거느리고 원을 공격했다. 이번에는 '원을 점령할 때까지 군대를 철수하지 않겠다'고 말했다. 이 소식을 들은 원은 즉시 투항했다. 공격을 받지 않은 위나라까지 자진해서 귀순을 청했다. 그는 이후 경쟁 6국을 모두 물리치고 제나라 환공에 이어 두 번째로 춘추시대의 맹주가 되었다. 군사들과의 약속을 지킨 것 하나로 싸우지도 않고 승리를 거머쥔 것이다.

굳이 더 열거하지 않아도 약속의 중요성을 모르는 사람은 없을 것이다. 하지만 많은 사람이 간과하는 약속이 있다. 바로 자기 자신과의 약속이다.

자신과의 약속은 지키지 않아도 남에게 피해를 주거나 문제가 생기지 않는다. 타인과의 약속과 달리 금전적 손해도 없고 신뢰를 잃는 일도 없다. 그래서 가장 지키기 어려운 약속이 바로 자신과의 약속이다. 문제는 여기에 성공의 비밀이 숨어 있다는 것이다.

르네상스 시대의 천재 화가 미켈란젤로가 로마 시스티나 성당 천장에 '천지창조'라는 그림을 그릴 때다. 그가 식탁 모서리를 그리는 데 몇 날 며칠을 보내자 친구가 말했다.

"자네 왜 식탁 모서리 따위를 그렇게 열심히 그리나? 어차피 잘 보이지도 않을 텐데 대충 그리게. 설사 잘못 그려도 아무도 모를 걸세."

그러자 미켈란젤로는 이렇게 말했다.

"내가 아네."

피겨 여왕 김연아는 책 『김연아의 7분 드라마』에서 이렇게 말했다.

"승부욕이 강한 나는 일등을 하고 싶었고, 그것이 꿈을 이루는 것으로 생각했다. 그러다가 어느 순간 나의 경쟁 상대는 '나'라는 생각이 들기 시작했다. 조금 더 자고 싶은 나, 친구들과 자유로운 시간을 보내고 싶은 나, 아무 간섭도 안 받고 놀러다니고 싶은 나, 하루라도 연습을 안 했으면 하는 나. 내가 극복하고 이겨내야 할 대상은 다른 누군가가 아니라 내 안에 존재하는 무수한 '나'였던 것이다."

자기 분야에서 성공을 이룬 사람들은 남들의 칭찬에 일희일비하지 않는다. 남들과 경쟁하지도 않는다. 그들에게 중요한 것은 자신과의 약속을 지키는 것이다. 자신과의 싸움에서 이기는 것이다. 그들은 알고 있었던 것이다. 자신과의 약속을 목숨처럼 지키고 자신과의 혹독한 싸움에서 이겨낸 사람만이 탁월한 성공을 거머쥘 수 있다는 것을 말이다.

자기계발 강사로 유명한 김미경 아트스피치 원장은 책 『한 달에 한 번, 12명의 인생 멘토를 만나다』에서 탁월한 성공을 이루는 방법으로 '내적 동기'를 꼽았다.

"프로들은 모든 것을 내적 동기로 판단한다. 내적 동기가 강한 사람들은 남들이 평가해주는 기준이 아니라, 자신이 정한 기준에 따라 움직인다. 주위에서 아무리 '훌륭하다'고 칭찬해도 나 스스로 훌륭하다고 생각되지 않으면 그것은 훌륭한 것이 아니다. '너는 아직 멀었다'며 스스로 인정될 때까지 자신을 채찍질하는 것이다. 매일 성장하고 성공하는 사람들을 보면 남에게 묻거나 남의 말에 굴복하지 않는다. 내적 동기가 강한 사람은 주위의 비난과 찬사에 휘둘리지 않고, 끊임없이 자신과의 대화 속에서 싸움하며 노력한다."

성공하지 못하는 이유는 실패했기 때문이 아니라 포기했기 때문이라는 말이 있다. 누구나 할 수 있지만 아무나 할 수 없는 것이 바로 자신과의 약속을 지키는 일이다. 편안함과 익숙함을 원하는 자기 자신과 싸워서 이기는 일은 절대 쉽지 않다. 실패할 수도 있다. 노력했지만 질 수도 있다. 그러나 절대 포기는 안 된다. '어제의 나'와 전혀 다른 '오늘의 나'를 만나는 기쁨을 포기하는 것만큼 어리석은 일은 없기 때문이다. 자신과의 싸움에 이기는 것이야말로 가장 값진 성공이다.

지금 필요한 것은, 클리나멘

　동화은행 지점장 시절, 나는 독보적인 실적 덕분에 부러움의 대상이 되곤 했다. 많은 사람이 나에게 영업 비결을 물어왔고, 나와 함께 일하고 싶어 하는 사람들이 늘 끊이지 않았다. 하지만 그에 못지않게 반목과 질시의 대상이 되기도 했다. 신설 점포였던 도산로 지점을 성공시키고 강남 최대 규모의 큰 지점으로 자리를 옮겼을 때 나는 시시때때로 협박 전화에 시달렸다.

　"네가 잘났으면 얼마나 잘났는데? 적당히 하지 않으면 큰일 날 줄 알아."

　"당신, 한 번만 더 튀면 인생 끝이야. 제대로 맛을 보여주겠어."

　나는 지금도 그들이 내 인생의 가장 큰 멘토라고 생각한다. 연이은 성공에 취해 자칫 자만할 수 있었던 나에게 그들의 전화는 나 자신을 되돌아보고 반성하는 기회가 됐다. 내가 옳은 방향으로 가고 있는

지, 내 생각이 과연 맞는 건지, 자신을 스스로 점검하고 반성하는 시간의 중요성을 그들 덕분에 배울 수 있었던 것이다.

중국 설화집인 『설원』에는 이런 이야기가 나온다. 어느 날 노나라 애공이 공자에게 물었다.

"건망증이 아주 심한 사람은 이사할 때 아내까지 잊고 데려가지 않았다고 하던데 실제로 그런 일이 있었습니까?"

공자가 말했다.

"그 정도의 건망증은 심한 것이 아닙니다. 건망증이 가장 심한 사람은 자기 자신까지 잊어버립니다."

호기심이 생긴 애공이 다시 물었다.

"그런 일도 다 있습니까? 대관절 어떻게 자기 자신을 잊어버리는지 얘기해 주십시오."

그러자 공자가 웃으며 말했다.

"예전에 하나라 걸이 천자가 되어 천하의 부를 가지게 되자 인의도덕을 어기고 밤낮 향락을 일삼으며 횡포한 짓거리를 자행했습니다. 그의 총신 좌사 촉룡도 아첨과 나쁜 짓을 일삼았습니다. 그 결과 걸은 탕왕에게 죽임을 당했고, 좌사 촉룡은 오마분시를 당해 찢어진 사지가 각각 다른 곳에 묻혔습니다. 이것이 바로 자기 자신이 누구인지를 잊어버린 것입니다."

애공은 얼굴빛이 백지장이 되어 간신히 "참 좋은 말씀입니다."라고 말했다.

성공은 실패만큼 위험하다는 말이 있다. 성공한 사람은 교만해지기 쉽고, 아무리 자기를 억눌러도 겸손해지기가 어렵다. 한두 번의 성공이 앞으로도 계속될 것으로 생각하고 초심을 잃어버린다. '나는 옳고 너는 틀리다'고 생각하니까 성공하면 내가 잘해서라고 생각하고 실패하면 남에게 책임을 돌린다. 스스로 반성할 줄 모르니까 자신에게 어떤 문제가 있는지도 알지 못하고, 무엇을 고칠 생각도 하지 못한다. 자기 자신을 영영 잊어버리는 것이다.

그래서 우리는 천천히 살 필요가 있는 것 같다. 자동차도 과속하면 엔진에 무리가 오듯이 우리 삶도 너무 성공만을 향해 달리면 몸과 마음에 무리가 온다. 반성이라는 브레이크를 통해 내 삶을 잘 살아가고 있는지, 빠른 속도에 중독돼서 놓쳐버린 것은 없는지 내 삶의 길을 살피고 돌아보는 여유가 필요한 것이다.

그런데 쉽지가 않다. 나 역시 CEO가 된 후부터 나만의 시간을 갖기가 점점 어려워졌다. 촌각을 다투는 일들을 처리하다 보면 금세 날이 저물었다. 이른 아침과 늦은 저녁에도 각종 모임으로 숨을 돌릴 여유가 없었다. 특히 대학 강의를 병행하면서 점점 혼자만의 시간은 멀어져만 갔다.

하지만 CEO로서 중요한 결정을 내려야 하는 순간이 많아지면서 그 어느 때보다 나만의 시간이 필요하다는 생각이 간절했다. 머릿속이 복잡한 만큼 생각을 정리할 시간이 필요했다. 더는 미룰 수 없었다. 그래서 혼자 걷기 시작했다. 저녁 약속이 취소되면 여의도 사무실에서 잠실 집까지 무조건 4시간을 걸었다. 약속이 있는 날에도 너무 늦은 시간이 아니면 중간쯤 차에서 내려 길을 걸었다.

길 위에는 그동안 너무 바빠서 잊고 살았던 소중한 것들이 숨어 있었다. 길가에 피어있는 꽃들을 보면서 천천히 살아가는 삶의 아름다움을 배웠고, 한강을 붉게 물들이는 일몰을 보면서 내 인생도 저렇게 아름답게 마무리되면 좋겠다는 생각을 했다. 그러다가 문득 누군가의 얼굴이 떠오르면 나의 잘못이라는 미안한 마음이 들어서 전화를 걸어 사과의 말을 전했고, 오늘의 그 결정이 과연 최선이었는지 끊임없이 자문해보기도 했다.

무언가를 일부러 생각하지 않아도 자연의 풍경이, 계절의 변화가, 갑자기 불어오는 바람이 내 머릿속에서 필요한 생각을 꺼냈다. 때로는 아무리 고민해도 풀리지 않던 문제의 해답이 갑자기 떠오르기도 하고, 때로는 아직 가보지 않은 길을 걸어야겠다는 용기를 얻기도 했다. 그것은 행복이었다. 아무도 없는 나만의 비밀공간에서 혼자만의 시간을 즐기는 것이 그렇게 좋을 수가 없었다.

그래서 나는 지금도 길을 걷는다. 5년 전부터 특별한 날을 제외하고는 매주 수요일 저녁 일정은 항상 비어 있다. 이날만큼은 온전히 나만의 시간을 갖는 날로 정한 것이다. 일몰이나 계절별로 피는 꽃을 바라보며 나 자신을 돌아보고 많은 생각도 하는 천금 같은 시간이다.

혼자만의 시간으로 걷기를 택한 것은 '클리나멘(Clinamen)'이라는 말을 접한 다음부터다. 클리나멘은 고대 그리스 철학자 에피쿠로스에 의해 전파된 말로, 인공위성이 궤도를 이탈해 우주에 진입하기 위해서는 기존의 속도와 시선, 동선 등에서 새로운 접근이 필요하다는 뜻이다. 속도를 줄이고 시선을 바꾸고 방향을 달리하는 변화가 있어야 비로소 중력의 대기권을 뚫고 우주로 나아갈 수 있다는 것이다.

우리의 인생도 마찬가지인 것 같다. 지금까지 숨 가쁘게 뛰기만 했다면 때로는 느리게 걷는 느림보 철학이 필요하다. 그동안 앞만 보며 달려왔다면 가끔은 옆도 보고 뒤도 보는 시선의 변화가 필요하다. 늘 가던 길만 고집할 것이 아니라 평소에 가지 않던 길을 가보는 지혜도 필요하다. 이러한 변화들이 때로는 자기 삶에 대한 성찰의 계기가 되기도 하고, 우리 삶을 완전히 뒤바꾸는 결정적 계기가 되기도 하는 것이다.

실제로 남다른 성공을 이룬 사람들은 이러한 '생각하는 힘'을 알고 있던 사람들이다. 마이크로소프트의 창업자 빌 게이츠는 일 년에 두 번 인적 없는 호숫가 통나무집을 찾아가 2주일 동안 생각에 몰입한다고 한다. 아무도 없는 곳에 틀어박혀 회사의 전략을 세우기도 하고 새로운 아이디어도 정리한다는 것이다. 그의 놀라운 아이디어는 통나무집에서 탄생했다고 해도 과언이 아니다. 그는 이 시간을 '생각 주간(think week)'이라고 부르는데, 마이크로소프트의 직원들이 필수적으로 따라야 하는 공식적인 제도이기도 하다. 투자의 귀재로 불리는 워런 버핏도 자신의 성공 비결을 "일 년에 50주 생각하고 2주 일한다"고 말한 바 있다.

세계적인 경영 컨설턴트 대니얼 패트릭 포레스터도 성공을 좌우하는 핵심 열쇠로 '씽킹 타임(thinking time)'을 꼽고 있다.

"온종일 '바쁘다, 바빠!'를 외치며 일만 하는 사람은 결코 성공할 수 없다. 그는 남들보다 많은 결과물을 생산해낼 수는 있겠지만, 타의 추종을 불허하는 탁월한 결과는 이끌어낼 수 없다. 위대한 성공을 일군 리더들과 기업들은 모두 일의 '속도'가 아니라 '방향'을 생각하는 통찰의 시간을 전략적으로 구축하고 있다. 이를 통해 결정적 실수와 판단 착오를 방지하고, 더 높은 성과에 몰입할 기회를 가진다."

(책 『빌 게이츠는 왜 생각주간을 만들었을까』 중에서)

우리는 지금까지 남다른 성공을 위해 많은 것을 투자해왔다. 좋은 학벌과 좋은 스펙과 좋은 직장을 얻기 위해 많은 돈과 시간을 쏟아왔다. 우리가 살아온 시대는 남다른 지식과 기술을 가진 사람이 성공하는 시대였기 때문이다.

하지만 앞으로는 다르다. 우리에게 필요한 것은 자기 자신과 무언의 대화를 나눌 수 있는 '생각의 시간'이다. 혼자만의 생각에 몰입할 수 있는 '생각의 공간'이다. 지금처럼 급변하는 시대에는 '남다른 생각'을 가진 사람만이 성공할 수 있기 때문이다.

물고기를 잡으려면 어떻게 해야 할까. 빨리 움직인다고, 좋은 낚싯대를 쓴다고 잡히는 게 아니다. 물고기의 마음을 알아야 한다. 물고기가 무엇을 좋아하는지, 어디에 가기를 좋아하는지 알아야 손쉽게 물고기를 잡을 수 있다.

성공도 마찬가지다. 남보다 빨리 달려간다고, 좋은 학벌과 좋은 스펙을 가졌다고 잡히는 게 아니다. 내 마음을 알아야 한다. 내가 무엇을 좋아하는지, 어떨 때 가장 행복을 느끼는지 알아야 내가 원하는 성공을 잡을 수 있다.

내 마음을 알려면 나에게 물어봐야 한다. 내가 좋아하는 것이 뭐냐고, 내가 원하는 행복이 뭐냐고 물어봐야 한다. 남에게 물어보지 말고 나 자신과 대화를 나눠야 한다. 그것이 생각하는 힘이다. 그래서 나는 최근 전 직원들이 볼 수 있도록 회사 출입구에 대형거울을 달았다. 지금의 내 모습이 최선의 모습인지 자기의 모습을 거울에 비춰보자는 취지이다.

지금 내 삶이 힘겹다고 느껴진다면, 어디를 향해 달려가고 있는지 혼란스럽다면, 길을 걸어보자. 그 길 위에서 나 자신과 대화를 나눠보자. 그곳에 당신이 원하는 성공이 숨어있을 것이다.

삶은
마라톤이다

부산은행 입사 초기에 전국의 지점들이 모두 참여하는 체육대회가 열렸다. 대회에 앞서 저마다 어떤 경기에 출전할 것인지 정하는데, 나는 4km 단축 마라톤 경기에 나가겠다고 했다. 자신이 있다거나 잘해서가 아니었다. 마라톤은 워낙 체력적으로 힘들다 보니 다들 꺼리는 분위기였는데, 사람들에게 적극적인 사람으로 보이고 싶어서 번쩍 손을 들고 나선 것이다.

이왕 출전하는 것이니 우승을 기대할 법도 한데, 우리 지점에서 나에게 기대를 거는 사람은 단 한 명도 없었다. 비록 단축이긴 하지만 마라톤은 체격 조건과 경험이 중요한 변수로 작용한다. 그런데 나는 키도 작고, 보폭도 짧고, 마라톤 경험도 없었다. 속상하긴 해도 사람들의 반응은 당연하였다.

하지만 나는 포기하지 않고 곧장 행동에 돌입했다. 다음날부터 아침 일찍 일어나 집 앞에 있는 학교 운동장에서 20바퀴씩 뛰기 시작했다. 대회가 열리기 전까지 6개월 동안 매일 달리기 연습을 했다.

그리고 드디어 결전의 날, 나는 모두의 예상을 깨고 당당히 1등을 거머쥐었다. 내내 뒤로 처져서 뛰다가 마지막 두 바퀴가 남았을 때 악으로 깡으로 뛰어서 역전의 드라마를 연출한 것이다. 그때 이런 생각이 들었다. 우리의 인생도 마라톤과 같다고 말이다.

단거리 달리기는 빨리 달리면 승자가 된다. 타고난 순발력이나 파워가 승패를 좌우하는 것이다. 그러나 장거리 마라톤은 다르다. 당장 앞서 나가는 것보다 얼마나 자기 페이스를 유지하며 오랫동안 달리느냐가 승패를 결정한다. 마라톤은 지구력과 끈기의 싸움이기 때문이다. 처음부터 빨리 뛰는 사람보다 마지막에 빨리 뛰는 사람이 승자가 되는 것이다.

삶도 마찬가지다. 지금 앞서 있다고 해서 이긴 것이 아니다. 지금 뒤처져 있다고 해서 진 것이 아니다. 인생의 장거리를 달리다 보면 선두주자들이 뒤처지기도 하고, 후발주자들이 앞으로 치고 나오기도 한다. 중요한 것은 지금 몇 등이냐가 아니라 마지막에 몇 등으로 결승점을 통과하느냐다. 포기하지 않고 끝까지 달리는 것이 인생 마라톤에서 승자가 되는 유일한 비결이다.

지점장 시절 화려한 실적을 올릴 때는 세상을 다 가진 것처럼 기뻤다. 앞으로도 계속 화려한 성공이 이어질 줄 알았다. 그런데 지금 생각해보면 한때의 바람에 지나지 않았다. 은행 퇴출로 한순간에 직장을 잃었을 때는 자살까지 결심했을 만큼 고통스러웠다. 세상에 아무런 희망도 보이지 않고 절망의 암흑만이 가득했다. 그러나 다시 돌이켜보니 그때 그 경험이 있었기에 순간의 성공에 취하지 않는 겸손과 순간의 실패에 좌절하지 않는 용기를 배울 수 있었다. 인생 전체로 보면 성공도 실패도 모두 하나의 점에 지나지 않는다는 것을 깨달은 것이다.

지난해 겨울, 우리금융그룹 회장님을 모시고 워크숍 겸 봉사활동 겸 네팔의 수도 카트만두를 방문할 기회가 있었다. 그때 난생처음으로 TV에서만 보던 히말라야를 가까이에서 보게 됐는데 많은 산악인이 히말라야에서 유명을 달리한 이유를 알 것 같았다. 높이도 높거니와 산이 워낙 험준해서 발을 내딛는 순간마다 생명의 위협을 느낄 만했다. 실제로 지금까지 히말라야에서 목숨을 잃은 국내 산악인만 80명이 넘는다고 한다.

그런데 먼 거리에서 히말라야 산맥을 바라보자 전혀 다른 풍광이 펼쳐졌다. 산을 벗어나 보니 공포는 온데간데없고 너무나 평화롭고 아름다운 산이 그림처럼 서 있었던 것이다.

때로는 삶도 그런 것 같다. 정상에 오르겠다고 아득바득 올라가면 삶이 시련으로 다가오지만, 잠시 떨어져서 바라보면 내 삶의 아름다움이 보인다. 열심히 사는 것도 중요하지만, 때로는 내가 살아온 삶을 뒤돌아보는 여유도 필요하다. 삶을 '순간의 점'이 아니라 '하나의 선'으로 이어서 보는 넉넉한 마음이 우리의 삶을 더욱 풍성하게 만들어주기 때문이다.

소설가 박범신은 최근 TV 프로그램에서 히말라야를 15번이나 등

반한 이유에 대해 이렇게 말했다.

"히말라야의 경치는 이승의 경치가 아닌 것 같아요. 4,000m를 오르면 다리도 아프고 발에 물집도 생기지만 고개만 딱 들면 불멸의 스카이라인이 펼쳐져 있어요. 그 광경을 보고 있으면 내가 엉뚱한 곳에 힘을 줬다는 후회가 막 밀려와요. 방송인에게 시청률 5%와 10%는 큰 차이일 거예요. 하지만 히말라야에서 열흘만 걸어보면 그건 아무것도 아니에요. 삶에는 더 중요한 것이 있다는 걸 깨닫게 되는 거죠."

삶을 단거리 달리기로 생각하면 빨리 달려서 이겨야겠다는 생각이 전부다. 순간 발이 걸려 넘어지거나 사람들이 나를 제치고 앞서 가면 더는 달릴 용기를 내기 어렵다. 어차피 뛰어봤자 이길 수 없다고 생각하기 때문이다.

그러나 삶을 장거리 마라톤으로 바라보면 순간의 성공보다 더 중요한 것이 있다는 것을 알게 된다. 시작보다 끝이 더 중요하다는 것, 혼자 빨리 달리는 것보다 함께 천천히 달리는 것이 인생이라는 긴 거리를 즐겁게 뛰는 방법임을 알게 되는 것이다.

우리는 삶을 단거리로 뛰고 있는가, 아니면 장거리로 뛰고 있는가? 선택은 우리의 몫이다.

KI신서 4649

긍정으로 턴어라운드하라

1판 1쇄 발행 2013년 1월 25일
1판 7쇄 발행 2022년 3월 18일

지은이 차문현
펴낸이 김영곤 **펴낸곳** (주)북이십일 21세기북스
디자인 표지 twoes **본문** 노승우

출판마케팅영업본부 본부장 민안기
출판영업팀 김수현 이광호 최명열
제작팀 이영민 권경민

펴낸곳 (주)북이십일 21세기북스
출판등록 2000년 5월 6일 제406-2003-061호
주소 (10881) 경기도 파주시 회동길 201(문발동)
대표전화 031-955-2100 **팩스** 031-955-2151 **이메일** book21@book21.co.kr

(주)북이십일 경계를 허무는 콘텐츠 리더

21세기북스 채널에서 도서 정보와 다양한 영상자료, 이벤트를 만나세요!
페이스북 facebook.com/jiinpill21   **포스트** post.naver.com/21c_editors
인스타그램 instagram.com/jiinpill21   **홈페이지** www.book21.com
유튜브 www.youtube.com/book21pub

서울대 가지 않아도 들을 수 있는 명강의! 〈서가명강〉
유튜브, 네이버, 팟캐스트에서 '서가명강'을 검색해보세요!

ⓒ 차문현, 2013

ISBN 978-89-509-4606-7 03320
책값은 뒤표지에 있습니다.

이 책 내용의 일부 또는 전부를 재사용하려면 반드시 (주)북이십일의 동의를 얻어야 합니다.
잘못 만들어진 책은 구입하신 서점에서 교환해 드립니다.